# DIE WEISSLIPPEN-BAMBUSOTTER
## *CRYPTELYTROPS ALBOLABRIS*
## *(TRIMERESURUS ALBOLABRIS)*

Andreas Gumprecht

Adulter weiblicher *Cryptelytrops albolabris* aus West-Java, Indonesien Foto: A. Gumprecht

## Inhalt

Bildnachweis
Titelbild:     Adulter weiblicher *Cryptelytrops albolabris* aus Ba Na San, Ampoe Thung
               Tao, Provinz Surat Thani, Süd-Thailand  Foto: A. Gumprecht
Kleines Bild:  Weibliche Weißlippen-Bambusotter
               (650 m ü. NN, Provinz Loei, Nordost-Thailand)  Foto: A. Gumprecht
Seite 1:       Kopfporträt einer weiblichen Weißlippen-Bambusotter aus den Dong-Paya-
               Yenin-Bergen in Nordost-Thailand  Foto: A. Gumprecht

**ISBN 10: 3-937285-65-2**     ISBN 13: 978-3-937285-65-8

© 2006  Natur und Tier - Verlag GmbH     Geschäftsführung: Matthias Schmidt
        An der Kleimannbrücke 39/41       Lektorat:
        48157 Münster                     Heiko Werning, Kriton Kunz & Mike Zawadzki
        www.ms-verlag.de                  Layout: Angela Neuhäuser
                                          Druck: Druckhaus Fromm, Osnabrück

## Vorwort

**SEIT** dem sich Liebhaber der Haltung von Terrarientieren verschrieben haben, steht die Terraristik unter allgemeiner kritischer und distanzierter Beobachtung. Vor allem häufig sensationslüsterne und unsachliche Berichterstattung der Medien zerrt dieses Hobby regelmäßig in den Fokus der Öffentlichkeit, woraus sich leider oft wenig sachdienliche Diskussionen entwickeln. Besonders medienwirksam ausgeschlachtet und intensiv kontrovers diskutiert wird seit jeher die Haltung gefährlicher Terrarientiere, wie z. B. die von Panzerechsen, Riesenschlangen und eben auch Giftschlangen. Man führe sich stets vor Augen, dass zwar die Haltung von Reptilien und Amphibien mittlerweile eine gewisse Akzeptanz in breiten Teilen der Bevölkerung erfahren hat, die Haltung von Gifttieren hingegen, respektive von Giftschlangen, aber selbst unter eingefleischten Terrarianern nicht unumstritten ist. So verwundert es auch nicht, dass selbst unter Liebhabern leidenschaftlich, nicht selten sogar wenig versöhnlich, über das Für und Wider der Haltung gestritten wird. Leider lassen konträre Standpunkte und die Polarisierung in Befürworter einerseits und strikte Gegner andererseits bisweilen jegliche Sensibilität für die besondere Thematik an sich vermissen.

Im Natur und Tier - Verlag wurde die Frage redaktionell erörtert, ob auch Bücher über Giftschlangen in die Buchreihe „Art für Art" aufgenommen werden sollen. Schnell setzte sich die Auffassung durch, dass sich die Giftschlangenhaltung nicht wegdiskutieren, geschweige denn einfach ignorieren lässt. Somit lege ich Ihnen mit diesem Buch über die asiatische Weißlippen-Bambusotter (*Cryptelytrops albolabris*) einen Ratgeber zu einer Giftschlange vor. Was die Wahl der besprochenen Art angeht, geschah diese nicht ohne gute Gründe.

Die Weißlippen-Bambusotter ist ein beliebtes Terrarientier. Für ganze Generationen von Liebhabern war der Einstieg in die Giftschlangenhaltung eng mit ihrer Pflege verbunden, und so nimmt es nicht wunder, dass die prächtige Weißlippen-Bambusotter bei vielen Terrarianern im Ruf steht, so etwas wie eine „Einstiegsdroge" in diesen Teil des Hobbys zu sein. Sie gilt als unter Terrarienbedingungen ausdauernd, und darüber hinaus kann sie jedes Jahr regelmäßig zur Nachzucht gebracht werden. Überdies dürfte diese Giftschlange wohl zu den am häufigsten aus Asien importierten Grubenottern zählen, und so erreicht sie uns jedes Jahr über den Tierhandel in nicht unbeträchtlichen Stückzahlen.

Seit nunmehr 25 Jahren habe ich mich der Haltung von Schlangen im Terrarium verschrieben. Meine besondere Aufmerksamkeit gilt dabei den ungiftigen asiatischen Kletternattern und den giftigen asiatischen Grubenottern. Ich möchte Sie mit diesem Ratgeber nicht zur Haltung von Giftschlangen animieren, Ihnen wohl aber meine langjährigen eigenen Erfahrungen mit der Haltung und Nachzucht von Weißlippen-Bambusottern weitergeben. Ich wünsche Ihnen auf den folgenden Seiten viel Spaß bei der Lektüre dieses „Art für Art"-Buches.

*Andreas Gumprecht*
*Troisdorf-Spich, im Frühjahr 2006*

**Adulter männlicher *Cryptelytrops albolabris* aus Nord-Thailand, Provinz Chiang Mai. Markant sind die blutroten Augen dieser Tiere.**
Foto: A. Gumprecht

## Mit der Tür ins Haus: Sie wurden von Ihrer Weißlippen-Bambusotter gebissen – und nun?

**ES** geschieht grundsätzlich an einem dieser Tage, an denen Sie besser im Bett geblieben und einfach nicht aufgestanden wären, und es passiert häufiger, als Sie vielleicht annehmen oder es durch offizielle Statistiken ausgewiesen wird. Verkatert, übermüdet, gestresst, unter Zeitdruck und obendrein Halter von Giftschlangen – so nimmt das Unglück seinen Lauf. „Es sind ja nur Tiere", mögen Sie sich gedacht haben, „die können ja nichts dafür, dass es mir schlecht geht." Und so versuchen Sie wie gewohnt, aber mit einem deutlichen Konzentrationsdefizit Routinearbeiten in den Terrarien ihrer Giftschlangen auszuführen. Es sind tatsächlich „nur" Tiere, aber sie können durchaus etwas dafür, dass es Ihnen ein wenig später dann richtig schlecht geht. Die Verantwortung für den Bissunfall, in den Sie verwickelt sind, müssen Sie sich allerdings gänzlich selbst zurechnen lassen. Sie sind nämlich fahrlässig in die Reichweite einer Giftschlange gekommen. Zu plötzlich, zu schnell, zu unvermittelt kam die Attacke der Weißlippen-Bambusotter. Nun spüren Sie, was es heißt, von einer Giftschlange gebissen zu werden, die in der Sekundärliteratur sträflich unterschätzt und von vielen Autoren als „vergleichsweise harmlos", „mindergiftig" oder „schwach giftig" eingeschätzt wird.

Ihre Weißlippen-Bambusotter hat einen Ihrer Finger erwischt. Sofort setzt eine Schmerzwirkung ein, die Sie in einer derartigen Heftigkeit nicht erwartet hätten. Wespenstiche schmerzen ähnlich penetrant, allerdings ist der Schmerz nach dem Biss einer Weißlippen-Bambusotter wesentlich intensiver und derartig durchdringend, dass er Ihnen nahezu unerträglich scheint. Innerhalb von wenigen Minuten schwillt der gebissene Finger, und die einzelnen Fingerglieder fühlen sich fest und versteift an. Sie spüren, wie eine innere Unruhe in Ihnen hochsteigt, denn nunmehr ist das „worst case scenario", der terraristische Super-GAU der Giftschlangenpfleger eingetreten: Ein Bissunfall!

Im Vertrauen darauf, dass Sie es besser als die anderen machen, haben Sie sich eher beiläufig mit der Bissfallproblematik beschäftigt, nun aber sind Sie eiskalt erwischt worden, und das macht Ihnen Angst und lässt ein Gefühl von Panik aufkommen. Sie haben sich nämlich keinen persönlichen Notfallplan ver- innerlicht, und alles, woran Sie sich zu erinnern vermögen, ist, dass Sie in einem Buch schon mal von „ei- nem Gebissenen" gelesen haben, der „nach einem Krankenlager von fünf Tagen" wieder genesen sei. Dass ein „Krankenlager" mit derar- tigen Schmerzen verbunden ist, ha- ben Sie jedoch nicht erwartet, und so ist Ihnen neben Ihrer Panik schlichtweg zum Heulen zumute. Die Schwellung reicht schon nach wenigen Minuten bis zum Handge- lenk. Der Schmerz ist nicht mehr al- leine auf das gebissene Fingerglied beschränkt, sondern strahlt über den Arm bis in die Brust aus. Erste Gewissenskonflikte tun sich auf. Sollen Freunde aus der Giftschlan- genszene eingeweiht oder der Hausarzt konsultiert werden? Oder ist es besser, das nächste Kranken- haus aufzusuchen? Lässt sich der Biss vielleicht sogar zu Hause „aus- sitzen"? Haben medizinische Ein- richtungen in Deutschland über- haupt die nötige Erfahrung, einen Schlangenbiss, noch dazu den einer exotischen Art, zu therapieren? Gibt es für einzelne Bambusotter-Arten spezifisches Antiserum, und wenn ja, wo mag es gelagert sein? All die- se Fragen sind kaum dazu angetan, dass Sie einen vernünftigen und klaren Gedanken fassen.

Ihre Liebe zu Ihren Terrarientieren geht weit – so weit, dass Sie sich mit wissenschaftlichen Artnamen befassen würden, geht sie aller- dings nicht. Nun aber ahnen Sie, dass dergleichen Ignoranz nachläs- sig gewesen sein könnte. Was pas- siert nämlich, wenn Sie von dem medizinischen Fachpersonal da- nach gefragt werden, welche Art Sie gebissen hat? Bambusotter? Grüne Bambusotter? Grüne Gru- benotter? Weißlippen-Bambusot- ter? Vorgenannte Namen sind durchaus gebräuchlich, allerdings bergen Trivialnamen die Gefahr, dass das am Bissunfall beteiligte Tier nicht eindeutig bestimmt wer- den kann, denn dazu müssten Sie den aktuellen wissenschaftlichen Artnamen, *Cryptelytrops albolabris*, und die alte Bezeichnung, *Trimere- surus albolabris,* kennen.

Von starken Schmerzen gequält, entschließen Sie sich für die einzig richtige Option und lassen sich in das nächste Krankenhaus bringen. In der Notaufnahme müssen Sie zu- nächst zahlreiche Fragen über sich ergehen lassen, und es dauert pein- sam lange, bevor man Ihnen endlich ein starkes Schmerzmittel verab- reicht. Der behandelnde Arzt der Notaufnahme Ihres Krankenhauses hat sich in vorbildlicher Weise sofort mit der „II. Toxikologischen Klinik

**WICHTIG!**
Im Falle eines Bissunfalls sollten Sie die Telefonnummer der II. Toxikologischen Klinik Rechts der Isar (München) zur Hand haben und diese den behandelnden Ärzten in der Notaufnahme des jeweiligen Krankenhauses überreichen. In der Regel kontaktieren nämlich die Notaufnahmen in den Krankenhäusern die jeweils zuständigen Giftnotrufzentralen. Im Fall eines ernsten Bissunfalls kann dies aber wertvolle Zeit bis zur Erstbehandlung kosten, denn als Spezialeinrichtung u. a. für Gifttierbisse sind die Spezialisten in München zu konsultieren. Tel.: 0049-(0)89-19240.

Rechts der Isar (München)" in Verbindung gesetzt.

Dort arbeitet man innerhalb kürzester Zeit einen Behandlungsplan aus, nach dem sich die weitere Therapie und Medikation richten wird. Von der Notaufnahme werden Sie anschließend zur weiteren medizinischen Beobachtung in die Hände der intensivmedizinischen Betreuung überantwortet. Auf der Intensivstation werden nun Ihre Vitalwerte permanent überwacht und aufgezeichnet. Zusätzlich wird Ihnen in regelmäßigen Abständen Blut abgenommen, um seine Gerin-

Biss durch eine grüne Bambusotter in den rechten Daumen. Das Foto zeigt den Daumen am Tag nach dem Bissunfall.

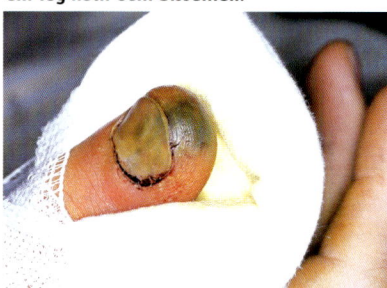

Fünf Tage nach dem Biss ist ein chirurgischer Eingriff notwendig. Das Foto zeigt den Daumen vor der OP.

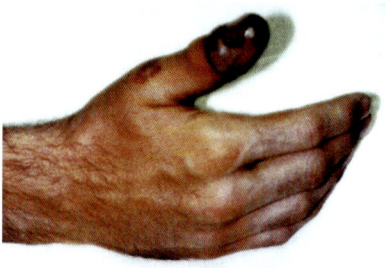

Nach der OP: Punktierung des Fingernagels, Abtrennung der Daumenspitze und Entfernung hämorrhagischer Blasen

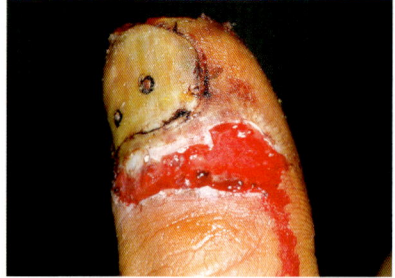

Gesunder Daumen links, gebissener Daumen rechts

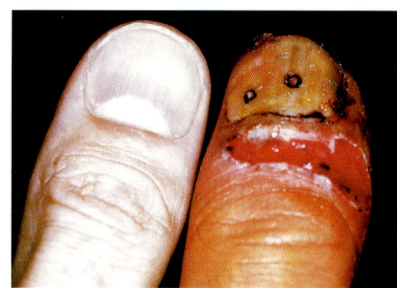

nungsfähigkeit zu kontrollieren. Ab jetzt dürfen Sie das Bett nicht mehr verlassen, die gebissene Extremität wird gestützt und durch eine offene Schiene ruhig gestellt. Aufgrund der regelmäßigen Gabe starker Schmerzmittel sind Sie nun wenigstens nahezu schmerzfrei. Auf die Gabe von Antiserum kann in Ihrem Fall verzichtet werden, da die Gerinnungsfähigkeit Ihres Blutes weitestgehend uneingeschränkt bleibt. Somit ist nach zwei Tagen und zwei Nächten eine weitere intensivmedizinische Betreuung nicht mehr nötig. Sie werden zur weite-

ren Überwachung auf eine normale Station des Krankenhauses verlegt. Die Schwellung hat sich unterdessen bis in die Achselhöhle ausgebreitet, und das Fingerglied beginnt, sich im Bereich der Bissstelle ödematös zu verfärben. Nach fünf Tagen haben sich am Finger eine Nekrose und zahlreiche hämorrhagische Blasen gebildet. Sie werden nun einem Handchirurgen vorgestellt, der einen jetzt notwendig gewordenen Eingriff am Finger vornimmt. Zunächst wird der Fingernagel punktiert. Dadurch baut sich Druck ab, und Lymphe kann austre-

**Fünf Tage nach der OP: Der Daumen heilt zusehends, ist aber bewegungsunfähig.**

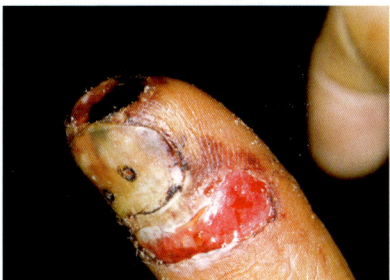

**Zehn Tage nach der OP: Der Daumen ist weitestgehend abgeheilt, nahezu bewegungsunfähig und äußerst schmerzempfindlich.**

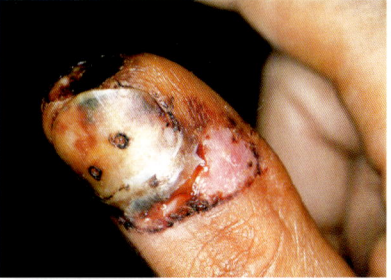

**Vier Wochen nach der OP: abgeheilter Daumen**

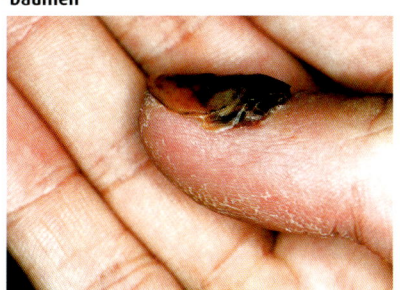

**Acht Wochen nach der OP: Der Fingernagel fällt ab. Die Tiefe der Nekrose wird sichtbar.**
Fotos: A. Gumprecht

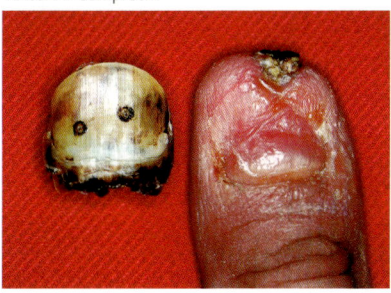

Das Gift der in Indien unter dem Namen „Churutta" bekannten Indischen Höckernasenotter (*Hypnale hypnale*) galt bisher als relativ harmlos. Dr. Joseph K. Joseph, Vorsitzender des „Department of Medicine and Nephrology" am Little Flower Hospital in Angamaly, und Ian D. Simpson, Herpetologe und Mitglied der „WHO Snakebite Treatment Group", analysierten das Gift dieser Grubenotter genauer und stellten fest, dass es stark blutgerinnungshemmende Faktoren enthält und akutes Nierenversagen herbeiführen kann. Ein Biss dieser Art kann daher ebenso tödlich sein wie ein Biss der indischen „großen Vier" (Kobra, Krait, Kettenviper und Sandrasselotter), die als die gefährlichsten indischen Schlangen gelten. Systematische Untersuchungen an Schlangengiftopfern am Little Flower Hospital ergaben außerdem, dass die Höckernasenotter offenbar oft mit der Sandrasselotter verwechselt wird und dass ein signifikanter Teil der dieser Art zugeschriebenen Todesfälle tatsächlich auf *H. hypnale* zurückzuführen ist. Bisher gibt es kein Antiserum gegen das Gift dieser Art, und die verfügbaren polyvalenten Seren sind vollkommen wirkungslos. (Quelle: Newindpress [Chennai, Indien] 18.05.05 - Mitteilung des „DGHT-Newstickers" vom 30.05.2005)

ten. Obendrein wird nekrotisches Gewebe mit einem Skalpell entfernt. Der Eingriff an sich ist für Sie nach dem Biss eine weitere überaus schmerzhafte Erfahrung, da die lokale Betäubung aufgrund der Entzündung des Fingers fast keine Wirkung zeigt. Am achten Tag nach dem Bissunfall werden Sie aus dem Krankenhaus entlassen. Es wird Ihnen jedoch aufgetragen, sich zu weiteren Nachsorgebehandlungen im Krankenhaus oder bei Ihrem Hausarzt zu melden. Es dauert noch mehrere Wochen, bis die Nekrose am Finger völlig ausgeheilt ist. Insgesamt vergeht nahezu ein halbes Jahr, bis schließlich die Bewegungsfähigkeit des Fingers wieder hergestellt ist und sich der Tastsinn regeneriert hat. Im Nachhinein erfahren Sie von Ihrem Hausarzt, dass Sie aufgrund der ausgedehnten Nekrose fast das betroffene Fingerglied verloren hätten.

Sie mögen sich fragen, warum ich mit der Tür ins Haus gefallen bin. Nun, im Jahr 2004 kam es zu einer Vielzahl von Bissunfällen unter deutschen Terrarianern. Alle Bisse verliefen letztlich mehr oder weniger glimpflich, d. h., wie oben geschildert waren sie mit starken Schmerzen und teilweise erheblichen Nekrosen verbunden. Todesfälle oder Amputationen blieben glücklicherweise aus.

Folgende Asiatische Grubenotternarten waren an den Bissunfällen beteiligt, die mir zur Kenntnis kamen:

*Cryptelytrops albolabris, C. insularis, C. venustus, Deinagkistrodon acutus, Ovophis okinavensis, O. tonkinensis, Protobothrops mucrosquamatus, Trimeresurus borneensis, Tropidolaemus wagleri, Viridovipera gumprechti.*

Ich will Ihnen aber noch weitere Gründe aufzählen, die es gebieten, ohne Umschweife auf das hohe persönliche Risiko einzugehen, das mit der Giftschlangenhaltung verbunden ist – auch im Falle der Haltung von Weißlippen-Bambusottern.

Es liegt anscheinend in der Natur des Menschen, dass man nur zu leicht genau die Punkte verinnerlicht, die einem dazu angetan scheinen, das eigene Tun vor dem Gewissen zu rechtfertigen. Leider wird die Gefahr, die von asiatischen Grubenottern ausgehen kann, insbesondere in den deutschsprachigen Standardtiteln der Terraristikliteratur seit jeher sträflich verharmlost. Derartige Statements sind weder wissenschaftlich fundiert noch sind sie dazu angetan, für den nötigen Respekt im Umgang mit Gifttieren zu sorgen. Man halte sich vor Augen, dass ein Großteil der asiatischen Grubenottern nach wie vor nur wenig erforscht ist und sich in der letzten Zeit insbesondere bezüglich der Giftigkeit einzelner Arten mitunter beunruhigende neue Erkenntnisse ergeben haben.

Zum Schluss ist noch zu bedenken, dass die Stückzahlen von Importen rückläufig sind und zahlreiche Herkunftsländer Wildtierexporte verboten

haben. Auf der anderen Seite aber hat sich in den letzten Jahren die Infrastruktur in Asien derart gut entwickelt, dass selbst die entlegenen Bergregionen zivilisatorische Anbindung gefunden haben. So erreichen uns mitunter Arten, die in der Vergangenheit als ausgesprochen selten galten (z. B. *Trimeresurus borneensis*, *T. puniceus* oder *Zhaoermia mangshanensis*) oder von denen es nach ihrer Entdeckung nahezu keine weiteren Nachweise gab (z. B. *Cryptelytrops kanburiensis* oder *Protobothrops cornutus*). In jedem Fall aber sind all diese Arten hinsichtlich ihrer Biologie nur wenig erforscht, und das gilt ganz besonders auch für ihre Gifte. Als Tierhalter hüte man sich davor, sich durch mangelnde Vorsicht zu einem unfreiwilligen Probanden in Sachen Potenz von Schlangengiften zu machen.

**Opfer eines Futterstreits: männlicher *Cryptelytrops albolabris* einige Tage nach einem schweren Biss in den Kopf.**
Foto: A. Gumprecht

## Ein paar grundsätzliche Gedanken zur Giftschlangenhaltung vorab

**ES** gibt nicht wenige Terrarianer, die die Haltung von Giftschlangen als die „Königsdisziplin" der Terraristik ansehen und der Meinung sind, dass ihre Heimtierhaltung früher oder später durch die Pflege giftiger Arten gekrönt werden müsse. Ebenfalls hört man häufig die verklärende Ansicht, dass Giftschlangen über „das gewisse Etwas" verfügen und entweder außergewöhnlich schön oder besonders eindrucksvoll seien. Nun, was auch immer hinter diesen Aussagen stecken mag, es bleiben subjektiv gefärbte Behauptungen, die letztlich einer kritischen Betrachtung nicht standhalten und wohl eher den einzelnen Giftschlangenhaltern oder denen, die es werden wollen, dazu dienen, ihr Tun oder künftiges Vorhaben zu rechtfertigen.

„Aller Anfang ist schwer" oder „Jeder fängt mal klein an" sind geflügelte Worte aus dem Repertoire meiner Mutter. Aber wie fängt man denn mit Giftschlangen an? Und gibt es da sinnvolle Tipps und seriöse Ratschläge? Nun, genau das ist der Punkt, an dem ich heutzutage meine schlimmsten Gewissenskonflikte auszutragen habe, wenn mir Außenstehende berichten, dass sie sich Giftschlangen zulegen möchten und bei mir Rat suchen. Lassen Sie mich deswegen zunächst etwas aus meiner „Giftschlangen-Vita" berichten.

Die Haltung von Giftschlangen war jahrelang für mich keine ernsthafte Option. Ich war erfahrener und zufriedener Halter von Kletternattern – wozu sich also mit Giftschlangen herumplagen? Dann besuchte ich einen meiner besten Freunde, den bekannten Kletternatterspezialisten Klaus-Dieter Schulz. Und der hatte damals einen kleinen Transpecos-Kupferkopf vorübergehend bei sich zu Hause in Pflege, also eine Giftschlange. Ich war anscheinend bei der Betrachtung der kleinen Schlange völlig in mich versunken, sodass es Klaus ziemlich schroff entfuhr: „Damit fängst du nicht an!"

Klaus wollte mich vor etwas bewahren – wovor, verstand ich erst im Laufe der Zeit. Damals fand ich seine Reaktion inakzeptabel. Traute er mir da vielleicht irgendetwas nicht zu? Möglicherweise aus der daraus resultierenden Verärgerung legte ich mir eine Woche später zwei Nachzuchtpaare Kupferköpfe zu. Nach den ersten zehn überschwänglichen Jahren intensiver

Beschäftigung mit giftigen Arten setzte dann bei mir eine kritischere Betrachtung des Hobbys ein. Etliche meiner besten Freunde, allesamt seriöse Tierhalter oder professionelle Herpetologen, wurden der Reihe nach in Bissunfälle verwickelt. Einige davon taugten kaum als Denkzettel, andere zeigten einen durchaus ernsten und kritischen Verlauf. Einer meiner Freunde wurde in seiner Eigenschaft als Direktor eines der weltweit größten Exotarien bei der Arbeit von einer ausgewachsenen afrikanischen Gabunviper in den linken Mittelfinger gebissen. Er hat sich daraufhin fast noch in der gleichen Sekunde von einem anderen im Raum anwesenden Tierpfleger mit einer Axt den Finger abschlagen lassen. Übertrieben reagiert? Nun, wenige Wochen später gab es einen weiteren Bissunfall mit *Bitis gabonica* in St. Petersburg. Das unglückliche Opfer wurde in den Arm gebissen und verstarb einige Tage danach – trotz intensivmedizinischer Betreuung im Krankenhaus. Obwohl ich selbst also seit Jahren intensiv mit Giftschlangen befasst bin, vermag ich keinen vernünftigen Grund darin zu sehen, die Haltung und Nachzucht von Giftschlangen im privaten Bereich zu propagieren. Insofern bitte ich meine Bearbeitungen zur Thematik nicht fälschlich als Plädoyer für die Giftschlangenhaltung zu verstehen.

Adulter weiblicher *Cryptelytrops albolabris* aus Ba Na San, Ampoe Thung Tao, Provinz Surat Thani, Süd-Thailand Foto: A. Gumprecht

Ganz nachdrücklich möchte ich mich aber auch gegen ein generelles Verbot der Gifttierhaltung aussprechen. In den letzten Jahren sind zahlreiche wertvolle Erkenntnisse insbesondere zum Verhalten und der Fortpflanzungsbiologie der Giftschlangen von Amateurherpetologen gesammelt und veröffentlicht worden. Darüber hinaus gelangen einigen Tierhaltern immer wieder auch spektakuläre Erstnachzuchten selbst solcher Arten, um die sich zuvor professionelle Einrichtungen vergeblich bemüht hatten.

Ich gebe außerdem zu bedenken, dass sich von einem allgemeinen Haltungsverbot gerade die zweifel-

haften Charaktere, die die Szene immer wieder in die Schlagzeilen bringen, wohl kaum beeindrucken ließen und sich stattdessen geschmeidig in die Illegalität absetzen würden. Damit wäre dann aber letztlich niemandem geholfen.

Jeder, der sich mit dem Gedanken trägt, Giftschlangen zu halten, sollte sich ganz klar und unmissverständlich vor Augen führen, dass er die eigene Person und sein näheres Umfeld einem fortwährenden Zustand der Gefährdung aussetzt, der jederzeit und unvermittelt in einem Bissunfall mit Gefahr für Leib und Leben des Opfers kulminieren kann. Jeder Bissunfall ist selbst bei zunächst

## Allgemeines zur Biologie und Klassifizierung von Giftschlangen

**AUF**grund verschiedener systematischer Sichtweisen und Konzepte sowie der fortwährenden Neubeschreibungen neuer Arten ist es nicht möglich, genaue Aussagen über die Anzahl der Schlangenarten zu machen. Im Artenkonzept der EMBL-Datenbank (http://www. embl-heidelberg.de/ ~uetz/LivingReptiles.html) werden derzeit annähernd 3.000 valide (= gültige) Schlangenarten gelistet. Davon gelten wiederum derzeit ca. 138 Giftnatter- (Elapidae), 177 See-

schlangen- (Hydrophiidae) sowie 259 Vipern- und Grubenotternarten (Viperidae) als die eigentlichen Giftschlangen. Die Wörter „Otter" und „Viper" bezeichnen letztlich das Gleiche, wobei sich der Ausdruck Viper aus dem Lateinischen von dem Wort „vivipare" ableitet, was „lebendgebärend" bedeutet. Nicht wenige Vipernarten legen jedoch ihrem Namen zum Trotz Eier. Bei der hier behandelten Weißlippen-Bambusotter handelt es sich um eine Viper, die aber tatsächlich auch glimpflichem Verlauf mit der nötigen Ernsthaftigkeit zu betrachten, und insbesondere darf die Gefahr von Spätfolgen, die oft Monate oder in seltenen Fällen auch Jahre nach einem Biss eintreten können, niemals außer Acht gelassen werden.

Brechen Giftschlangen gar aus und werden andere Menschen dadurch nicht nur gefährdet, sondern verletzt oder getötet, haben wir es nicht mehr alleine mit einem Tatbestand zu tun, der nach dem Gesetz über Ordnungswidrigkeiten, sondern nach dem Strafgesetzbuch zu sanktionieren wäre. Über die bloße strafrechtliche Ahndung halte man sich vor Augen, dass der jeweilige Tierhalter obendrein mit nicht unerheblichen zivilrechtlichen Schadensersatzansprüchen konfrontiert wird.

Ich kann allen Interessierten nur ans Herz legen, genauestens abzuwägen, ob die Haltung von Giftschlangen tatsächlich persönlich für sie Sinn ergibt. Empfehlen kann und möchte ich Ihnen die Giftschlangenhaltung nicht, wohl aber will ich Ihnen meine langjährigen Erfahrungen weitergeben, in der Hoffnung, dass sich so zum Wohle der gepflegten Tiere und Ihrer Gesundheit vermeidbare Fehler im täglichen Umgang miteinander ausschließen lassen.

lebendgebärend ist.

Die Weißlippen-Bambusotter wird zur Unterfamilie Crotalinae gerechnet, die auch als Grubenottern bezeichnet werden. Grubenottern weisen als charakteristisches, namensgebendes Merkmal an den Kopfseiten zwischen Nasenloch und Auge eine deutlich sichtbare Grube auf. Diese Grube, auch Wärmegrube oder Lorealgrube genannt, befähigt die Schlangen dazu, selbst bei völliger Dunkelheit Temperaturunterschiede in der Umgebung wahrzunehmen und potenzielle Beute oder Feinde zu orten. Die meisten Grubenottern sind daher ausgesprochene Nachttiere und am Tage eher lethargisch. Pfleger von Grubenottern müssen also insbesondere nach Einbruch der Dunkelheit äußerste Vorsicht im Umgang mit ihren Pfleglingen walten lassen. Dies gilt vor allem bei Fütterungen oder Arbeiten im Terrarium. Vipern verfügen über den am weitesten entwickelten Giftzahnapparat aller Giftschlangen (solenogly-

**WUSSTEN SIE SCHON?**

Hinter den Giftzähnen liegen meist mehrere Reservezähne. Schlägt sich eine Viper einen Giftzahn beim Beutegriff aus, nimmt sofort ein direkt funktionstüchtiger Reservezahn seinen Platz ein. Reservezähne wachsen übrigens ständig nach, und ihr Vorhandensein hat dazu geführt, dass Schausteller in tropischen Ländern ihren Schlangen nicht etwa „nur" die Giftzähne ziehen, sondern ihnen den gesamten Zahnapparat samt einem Teil des Oberkiefers herausbrechen. Tiere, die eine derartige „Behandlung" erfahren haben, sind nicht nur auf Dauer „entschärft" sondern letztlich dem Tod geweiht.

phe Bezahnung). Giftnattern und Vipern sind in der Lage, ihren Opfern Gifte aus Drüsen durch ihren Zahnapparat wie mit einer Injektionsnadel beizubringen. Bei geschlossenem Maul ruhen die Giftzähne bei Vipern zurückgeklappt im Oberkiefer. Wenn das Maul aufgerissen wird, stellen sich die Zähne automatisch auf. So wurde es im Laufe der evolutionären Entwicklung möglich, im Maul vergleichsweise große Zähne unterzubringen. Große Vipernarten, z. B. Buschmeister (*Lachesis*), Gabunvipern (*Bitis gabonica*) oder Mang-Shan-Bergottern (*Zhaoermia mangshanensis*), weisen z. T. Giftzähne auf, die über 3 cm lang sind, wohingegen selbst die größten Vertreter der Giftnattern, wie z. B. die Königskobra (*Ophiophagus hannah*), nur selten über Giftzähne verfügen, die über 1 cm lang sind.

Die Länge der Giftzähne wiederum befähigt die Viperiden u. a. dazu, schützende Fett-, Fell- oder Federschichten zu durchdringen, um dem Opfer den tödlichen Biss zu versetzen.

## Schlangengift und Antiserum

**DIE** Entwicklung von Tier- und Pflanzengiften stellt einen evolutionären Höhepunkt dar, mit der einzelne Lebensformen äußerst wirkungsvoll verschiedenartige Strategien verfolgen. So dienen zum Beispiel Tiergifte einerseits als Schutz vor Fressfeinden, andererseits zum Erlegen von Beutetieren. Überdies spielen sie eine wichtige Rolle zur Vorverdauung der Beutetiere. Unterschieden werden sowohl passiv als auch aktiv giftige Tiere. Während sich bei passiv giftigen Tieren eine Giftwirkung für das Opfer erst zeigt, wenn es z. B. einen giftigen Fisch frisst, können sich aktiv giftige Tiere durch Giftstiche oder Giftbisse verteidigen oder sogar Beute erlegen.

Schlangengifte an sich sind hochkomplexe Cocktails, die überwiegend aus Eiweißen, Toxinen und Enzymen bestehen. Die Wirkung von Schlangengiften ist sehr unterschiedlich, und es lassen sich hin-

**Unter einer Hautfalte verborgen: Die Fangzähne der Weißlippen-Bambusotter (weißer Pfeil). Außerdem auf dieser Abbildung gut sichtbar (rote Pfeile): die namengebenden schmalen weißen Lippenränder der Weißlippen-Bambusotter.** Foto: A. Gumprecht

sichtlich der Wirkungsweise diverse Gruppen unterscheiden, die fatalerweise in ihrer Wirkung auch kombiniert auftreten können. Das Gift von Grubenottern wirkt sich zumeist massiv zerstörend (nekrotisierend) auf das Gewebe aus, das die Bissstelle umgibt, und zeigt überdies starke hämostatische Effekte, d. h., es setzt die Blutgerinnung herab bzw. kann sie in schlimmen Fällen sogar gänzlich verhindern.

**WUSSTEN SIE SCHON?**

Giftschlangen sind entgegen der landläufigen Meinung nicht gegen das Gift der eigenen Art immun. Kommt es z. B. unter asiatischen Grubenottern zu Bissunfällen, treten mitunter erhebliche Schwellungen rund um die Bissstelle auf. Es können dann massive Schädigungen des umliegenden Gewebes und starke Blutungen beobachtet werden. Insbesondere Bisse in den Kopf lösen oft eine sehr ernste Symptomatik aus, die z. B. zur Erblindung oder sogar zum Tod des betroffenen Tieres führen kann.

Viele Giftschlangenhalter zeigen sich über die tatsächliche Verfügbarkeit von Antiseren auf dem pharmazeutischen Markt völlig ahnungslos. Sie gehen irrtümlich davon aus, dass es im Falle eines Bisses ohne weiteres möglich sei, Antiserum für beinahe jede derzeit bekannte Art zu beziehen. Das ist aber ein gefährlicher Trugschluss. Tatsächlich lassen sich nämlich spezifische Seren nicht in größerem Umfange kommerziell herstellen, da zumeist nicht genügend Schlangen einer Art bzw. deren Gift für eine dementsprechende Produktion zur Verfügung stehen. Andere Arten wiederum stellen ent-

Adulter weiblicher *Cryptelytrops albolabris* aus Photaram, Provinz Ratchaburi, Thailand
Foto: A. Gumprecht

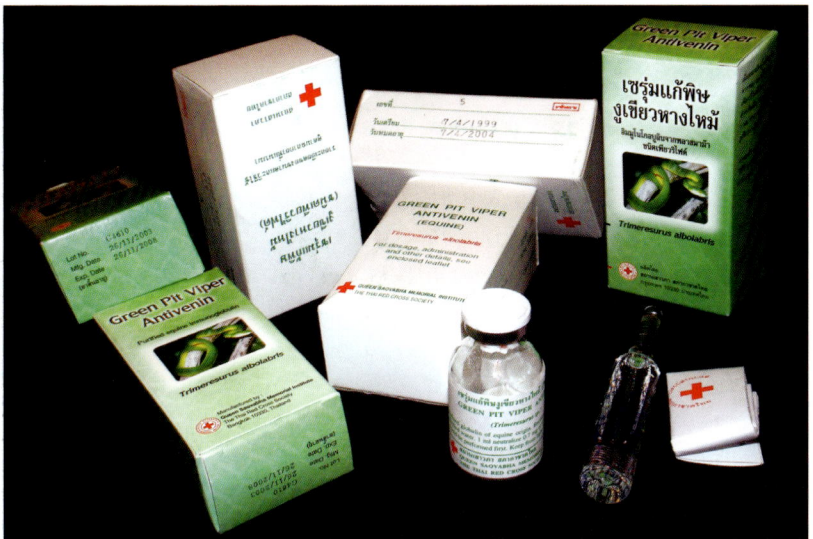

**„Green Pit Viper Antivenin – *Trimeresurus albolabris*".** Alte (weißer Karton) und neue Verpackungseinheiten des „Thai Red Cross"-Serums. Vorne rechts der Inhalt: Trockenserum, destilliertes Wasser und Beipackzettel. Foto: A. Gumprecht

weder aufgrund kleiner Populationsstärken oder aufgrund verschwindend weniger Bissunfälle keine medizinische Gefahr für die örtliche Bevölkerung dar, sodass letztlich keine Notwendigkeit besteht, eine Serumproduktion aufzunehmen. Auf der anderen Seite gelangen aber immer exotischere und seltenere Arten zu uns, und damit steigt natürlich auch die Gefahr,

dass es zu Unfällen mit nahezu unerforschten Arten mit extrem potenten Giften kommt, die Todesopfer unter Terrarianern fordern könnten.

## WUSSTEN SIE SCHON?

Für Bissunfälle mit der Weißlippen-Bambusotter wird in Thailand ein hochwirksames Antiserum hergestellt. Es heißt „Green Pitviper Antivenin – *Trimeresurus albolabris*". Das Produkt kann in Thailand über das Thailändische Rote Kreuz, The Thai Red Cross (QSMI), Queen Saovabha Mermorial Institute, Bangkok, bezogen werden. Das thailändische Serum ist übrigens vergleichsweise günstig. Ich habe vor Ort in Thailand im Jahr 2004 (Herstellungsdatum 26.11.2003) für eine Verpackungseinheit ungefähr € 40,- bezahlt. Sämtliche Verpackungseinheiten wiesen eine garantierte Resthaltbarkeit bis zum 26.11.2008, d. h. von vier Jahren auf. In Thailand hat sich in Praxistests erwiesen, dass sich das „Green Pitviper Antivenin" auch erfolgreich bei der Therapie von Bissfällen mit anderen Grubenottern aus dem *Trimeresurus*-Komplex einsetzen ließ.

## „Anfängertaugliche Giftschlangen?"

**REGEL**mäßig wird in Internetforen eifrig über die Frage diskutiert, welche Giftschlangenarten denn „anfängertauglich" seien. Eine „Anfängertauglichkeit" wird allgemein u. a. der Weißlippen-Bambusotter unterstellt. Sie sei vom Wesen her ruhig, stets berechenbar und die Giftwirkung eher gering.

Persönlich halte ich generell alle Giftschlangen für Tiere, die keine Eignung als Terrarienpflegling für den Anfänger aufweisen. Einer der Gründe, warum ich mich bezüglich der Abgabe solcher Empfehlungen kategorisch verweigere, ist, dass so genannten „Anfängerschlangen" immer der Makel anhaftet, irgendwie doch nicht so ganz „vollwertig" zu sein. Leichtsinn kann dann eine Folge sein, eine andere ist der schnelle Umstieg auf all die Arten, die wirklich „scharf", also potenziell äußerst gefährlich sind und von vermeintlichen Profis gehalten werden.

## Wissenswertes über Rechtsgrundlagen und gesetzliche Einschränkungen sowie den Erwerb und die Voraussetzungen zur Haltung von Giftschlangen

**ZU**nächst ist festzuhalten, dass dem Erwerb von Weißlippen-Bambusottern grundsätzlich nichts im Wege steht. Der Handel mit Giftschlangen ist nämlich in Deutschland durch gesetzliche Regelungen nicht generell eingeschränkt, und somit können Sie sich ganz legal Giftschlangen kaufen. Eine Abwägung, ob dieser Zustand nun positiv zu sehen ist oder nicht, möchte ich an dieser Stelle unterlassen. Auf jeden Fall aber wird gerade dieser Punkt immer wieder diskutiert, und es ist durchaus damit zu rechnen, dass sich Giftschlangenhalter zukünftig einer Sachkundeprüfung unterziehen müssen. Dies würde ich begrüßen.

Üblicherweise wird der Kauf von Giftschlangen bei einem Fachhändler des Einzel- oder Großhandels abgewickelt, die im Bundesgebiet ansässig sind. Darüber hinaus können Giftschlangen auch von privaten Züchtern persönlich oder auf einer Reptilienbörse gekauft werden. Kontakte, Adressen und Termine bekommt man über die DGHT oder die REPTILIA (siehe „Weitere Informationen").

Bevor Sie sich allerdings zu einem unüberlegten Kauf von Weißlippen-Bambusottern hinreißen lassen oder mit der Planung einer Terrarienanlage für Ihre anstehenden Neuerwerbungen beginnen, gibt es im Vorfeld einiges, das Sie vorab gründlich überdenken sollten. Wenn nämlich die Haltung Ihrer Giftschlangen nach dem Kauf gegen Rechtsnormen verstößt, d. h. eingeschränkt oder im schlimmsten Fall sogar mit einem Verbot belegt ist, oder sich Interessenkollisionen in Ihrem privaten Umfeld ergeben könnten, die unweigerlich zu gerichtlichen Streitigkeiten führen, dann sollten Sie so vernünftig sein, auf eine Anschaffung zu verzichten.

## Rechtsgrundlagen und gesetzliche Einschränkungen

Um vorab Kollisionen mit dem Gesetz zu vermeiden, sollten sich insbesondere künftige Giftschlangenhalter vor der Realisierung ihres Vorhabens bei den jeweiligen Ordnungsbehörden ihres Bundeslandes nach den aktuell gültigen Bestimmungen erkundigen. Die Haltung von Giftschlangen ist nämlich nicht bundeseinheitlich geregelt.

Bislang gibt es in acht deutschen Bundesländern, nämlich Baden-Württemberg, Brandenburg, Hamburg, Hessen, Nordrhein-Westfalen, Rheinland-Pfalz, Sachsen und Thüringen, keinerlei gesonderte Regelungen über die Haltung so genannter gefährlicher Terrarientiere. Allerdings heißt dies nicht,

Adulter männlicher *Cryptelytrops albolabris* aus Ba Na San, Ampoe Thung Tao, Provinz Surat Thani, Süd-Thailand
Foto: A. Gumprecht

dass man in diesen Bundesländern der Haltung von Giftschlangen gleichgültig gegenüberstehen würde. Eingedenk der wiederkehrenden negativen Schlagzeilen in der Boulevardpresse dürfte es nämlich nicht lange dauern, bis auch in diesen Länderparlamenten die Giftschlangenhaltung als Tagesordnungspunkt zur Diskussion steht.

Die Bundesländer Bayern, Berlin, Bremen, Niedersachsen, Mecklenburg-Vorpommern, Saarland, Sachsen-Anhalt und Schleswig-Holstein handhaben die Haltung von Giftschlangen restriktiv. So besteht in Bayern eine Genehmigungspflicht für die Haltung gefährlicher Tiere, in Berlin gibt es eine Genehmigungspflicht für Arten der Familien Boidae, Viperidae, Elapidae, Hydrophiidae sowie alle Arten der früheren Unterfamilie Boiginae. In Bremen wird nur in Ausnahmefällen die Genehmigung zur Haltung von Giftschlangen sowie Nattern der Gattungen *Dispholidus* und *Thelotornis* erteilt. Auch in Niedersachsen besteht ein grundsätzliches Verbot der nicht gewerblichen Haltung von Giftschlangen. Bei Prüfung des jeweiligen Einzelfalles

**Weibliche Weißlippen-Bambusotter aus 650 m ü. NN, Provinz Loei, Nordost-Thailand**
Foto: A. Gumprecht

können Ausnahmen gemacht werden. In Mecklenburg-Vorpommern, Sachsen-Anhalt und Schleswig-Holstein ist die Giftschlangenhaltung ähnlich wie in vorgenannten Bundesländern mit einem Verbot belegt, wobei die Möglichkeit zur Erteilung von Ausnahmegenehmigungen besteht. Im Saarland ist zwar die Haltung diverser mehr oder weniger gefährlicher Tiere verboten, Giftschlangen wurden bei der Erstellung der entsprechenden Ordnung aber bizarrerweise übersehen, sodass ihre Haltung dort nicht genehmigungspflichtig ist. Letztlich wird es wohl bei der Erteilung von Ausnahmen vom Haltungsverbot sehr auf die jeweiligen Bearbeiter in den Ämtern ankommen, da die Gesetzgebung nicht nur uneinheitlich, sondern auch unpräzise ist und dementsprechend die „Ermessensebene" und Entscheidungskompetenz des einzelnen Sachbearbeiters nicht unterschätzt werden dürfen.

## Giftschlangenhalter und persönliche Voraussetzungen zur Haltung von Giftschlangen

Jeder zukünftige Giftschlangenhalter sollte sich selbst einer sorgsamen Überprüfung vor dem eigenen Gewissen unterziehen und seine persönliche Eignung zur Giftschlangenhaltung ehrlich und offen in Frage stellen. Dies sollten selbstverständlich auch alle etablierten Giftschlangenhalter von Zeit zu Zeit tun, denn auch bei diesem Personenkreis muss gewährleistet sein, dass er die Haltung seiner Gifttiere weiterhin jederzeit unter Kontrolle hat. Sicherheit für sich selbst und wichtiger noch für das Umfeld ist die absolute Maxime, der alle Aktivitäten im Bereich der Giftschlangenhaltung unterzuordnen sind.

Grundvoraussetzung eines Giftschlangenhalters sollten eine uneingeschränkte gesundheitliche Konstitution und eine einwandfreie körperliche und geistige Fitness sein. Beeinträchtigungen körperlicher oder geistiger Natur sowie psychische Erkrankungen schränken den Terrarianer im täglichen Umgang mit den Tieren derart ein, dass das persönliche Risiko kurz- oder mittelfristig in nicht mehr vertretbarem Maß potenziert wird.

Überdies sollten alle Suchtkranken (Abhängigkeit von Alkohol und Drogen) sowie alle, deren Reaktionsfähigkeit altersbedingt oder durch permanenten medikamentösen Einfluss vermindert ist, auf eine Giftschlangenhaltung verzichten. Auch wer unter allergischen Erkrankungen, Herz-, Nieren- oder Atemwegserkrankungen oder Störungen der Blutgerinnung leidet, sollte auf Giftschlangen verzichten, da sich jeder Bissunfall unter diesen Voraussetzungen dramatisch zuspitzen und tragisch enden kann.

Es sollte darüber hinaus eine Selbstverständlichkeit sein, dass Giftschlangen nicht in die Hände von Kindern gehören oder ihnen zugänglich sind.

Als zukünftiger Halter von Giftschlangen sollten Sie sich darüber im Klaren sein, dass Ihnen die Haltung ihrer Pfleglinge deutlich mehr abverlangen wird, als dies ohnehin schon bei anderen Terrarientieren der Fall ist. So habe ich z. B. selbst erlebt, wie schwierig sich die Suche nach einem geeigneten und zuverlässigen Pfleger im Urlaubs- und Krankheitsfall gestalten kann. Selbst wenn in Ihrem Bekanntenkreis erfahrene Giftschlangenpfleger zur Verfügung stehen, heißt dies noch lange nicht, dass sich diese auch tatsächlich für eine Urlaubsvertretung gewinnen lassen. Oft genug lehnen nämlich Giftschlangenhalter die Pflege von Arten ab, die ihnen unbekannt sind, da sich die Unwägbarkeiten und das damit verbundene Risiko nicht abschätzen lassen. Wer keine zuverlässige Pflegevertretung hat, kann sich keinen Urlaub erlauben und bekommt bei längerer Krankheit Probleme.

Für Giftschlangen gilt wie für ungif-

**Männliche Weißlippen-Bambusotter aus dem Süden Thailands. Dieses Exemplar wurde in der Provinz Surat Thani aufgenommen.** Foto: A. Gumprecht

tige Arten, dass neben den Anschaffungskosten eine Lawine z. T. nicht unbeträchtlicher Folgekosten auf Sie zukommt. Sollte also Ihre Haushaltskasse aufgrund anderweitiger Verpflichtungen bereits strapaziert sein, dann stellen Sie besser Ihren Haltungswunsch zurück. Die Folgekosten für Terrarienanlagen und Zubehör sowie Futter, Strom, Tierärzte, Medikamente u. Ä. müssen von vornherein bedacht werden. Zum Thema Tierärzte wäre noch anzuführen, dass es für Reptilienhalter durchaus schwer sein kann, einen qualifizierten Veterinär in der Nähe des Wohnortes zu finden. Leider komplizieren Giftschlangen auch in Bezug auf Veterinäre die Situation zusätzlich. Es muss klar gesagt werden, dass es im Bundesgebiet nur ganz wenige Tierärzte gibt, die bereit sind, Behandlungen an Giftschlangen vorzunehmen. Auskünfte hierüber erhalten sie von der DGHT (siehe „Weitere Informationen").

Sie sollten Ihre persönliche Wohnsituation ehrlich überdenken: Für Giftschlangen genügt nicht eine Terrarienecke innerhalb der Wohnung, sondern aus Sicherheitsgründen benötigen Sie einen separaten, abschließbaren Terrarienraum. Überdies muss das weitere individuelle Umfeld, einschließlich Familie, Vermieter und Nachbarn, bedacht werden. Nur so können Sie unliebsamem und vermeidbarem Ärger in der Zukunft aus dem Weg gehen. Wer sich nämlich in einem Mietverhältnis befindet, riskiert bei Giftschlangenhaltung die fristlose Kündigung. Auch Eigentum schützt Sie nicht vor unliebsamen Überraschungen. Als Inhaber einer Eigentumswohnung können Sie sehr wohl im Rahmen eines Rechtsstreits dazu verurteilt werden, sämtliche Giftschlangen aus Ihrer Wohnung zu entfernen.

Übrigens, lassen Sie sich nicht täuschen: Die Giftschlangenszene ist überschaubarer, als Sie vielleicht annehmen. Wenn Ihre Haltung durch Nachzuchten gekrönt wird, werden Sie schon bald merken, dass es nicht einfach ist, Jungtiere von regelmäßig nachgezogenen Arten wie der Weißlippen-Bambusotter in verantwortungsvolle Hände abzugeben.

## WUSSTEN SIE SCHON?

In § 2 des Tierschutzgesetzes (25.5.1998, BGBl. I S.1105) heißt es wörtlich:

„Wer ein Tier hält, betreut oder zu betreuen hat,
1. muss das Tier seiner Art und seinen Bedürfnissen entsprechend angemessen ernähren, pflegen und verhaltensgerecht unterbringen,
2. darf die Möglichkeit des Tieres zu artgemäßer Bewegung nicht so einschränken, dass ihm Schmerzen oder vermeidbare Leiden oder Schäden zugefügt werden,
3. muss über die für eine angemessene Ernährung, Pflege und verhaltensgerechte Unterbringung des Tieres erforderlichen Kenntnisse und Fähigkeiten verfügen."

## Artenschutzbestimmungen und das Tierschutzgesetz

Weißlippen-Bambusottern unterliegen in Europa keinen Artenschutzbestimmungen. Natürlich sind aber die Bestimmungen des Tierschutzgesetzes einzuhalten.

1997 wurde im Auftrag des Bundesministeriums für Ernährung, Landwirtschaft und Forsten, Referat Tierschutz, ein Gutachten über die „Mindestanforderungen an die Haltung von Reptilien" herausgegeben. Dort heißt es zunächst, dass ein Anfänger vor dem Kauf seiner Tiere sachkundig sein sollte. In fast allen größeren Städten des deutschsprachigen Raums gibt es Stadtgruppen der Deutschen Gesellschaft für Herpetologie und Terrarienkunde e. V. (DGHT – siehe „Weitere Informationen"). Regelmäßig werden dort die so genannten Sachkundeprüfungen abgenommen. In den Schulungen dazu werden u. a. auch die relevanten Fragen zum Tierschutzgesetz und den Haltungsrichtlinien angesprochen und in verständlicher Weise erläutert. Die Sachkundeprüfung ist übrigens freiwillig, aber mit Sicherheit ein guter und empfehlenswerter Einstieg in das Hobby. Für die Halter von Giftschlangen wird eine Zusatzprüfung angeboten.

## „Was muss, das muss": Grundlagen der Giftschlangenhaltung

„**WAS** muss, das muss" – dieses Sprichwort gilt es zu verinnerlichen, denn wenn es um die Haltung von Giftschlangen geht, darf es kein Wenn und Aber geben. Gerade für Giftschlangenhalter sollte nämlich ein deutliches „Mehr" in Bezug auf Haltungsanforderungen und Equipment im Vergleich zu anderen Terrarianern eine Selbstverständlichkeit sein. So beginnt eine verantwortungsvolle Haltung mit einem separaten Terrarienraum. Dieser sollte stets verschlossen sein und nach Möglichkeit von außen (Glastür, Glasfenster in Tür) eingesehen werden können. Die Zugangstür zum Giftschlangenbereich ist mit dem Warnhinweis „Achtung Giftschlangen" zu versehen. Sämtliche Terrarien in einem Raum, in dem Giftschlangen gehalten werden, sind mit Warnhinweisen „GIFTIG" und einem Datenblatt zu versehen, das Auskunft über die Anzahl der Tiere eines Terrariums und ihren wissenschaftlichen Artnamen sowie den landläufigen deutschen Trivialnamen gibt. Alle Fenster nach außen sind gegen ein Entwei-

**GIFTIG-VENEMOUS-GIFTIG-VENEMOUS**

*Cryptelytrops albolabris*
## Anzahl: 4
White lipped Bamboo Pitviper
Weisslippen-Bambusotter

Südost Asien: Thailand, Chiang-Mai Prov.,
850 m ü.d.M.

Konsultation im Notfall:
II. Toxikologische Klinik Rechts der Isar (München) Tel.: 0049 (0)89 19240
Antiserum: Green Pitviper Antivenin, Hersteller: Thai Red Cross, BKK, Thld.
Bevorratet: Ja!          Lagerort: Küche / Kühlschrank / Auszugsfach

**Vorschlag zur Beschriftung eines Giftschlangenterrariums** Foto: A. Gumprecht

chen von Terrarientieren mit feinmaschigem Fliegendraht zu sichern. In jedem Giftschlangenraum ist darüber hinaus deutlich sichtbar ein Alarmplan aufzuhängen, der insbesondere für Ersthelfer die Telefonnummer der II. Toxikologischen Klinik Rechts der Isar (München) und Hinweise zum Aufbewahrungsort des hauseigenen Serenbestandes enthält.

Ein „Muss" für jeden Giftschlangenhalter stellt insbesondere eine dementsprechend reichhaltige Ausstattung mit Qualitätsarbeitsmaterialien für den täglichen Umgang wie z. B. Schlangenhaken, Futterpinzetten, Futtergreifer, Reinigungsutensilien und Plexiglasröh-

ren zur Behandlung oder Geschlechtsbestimmung dar. Wer meint, zwar in den jeweiligen Tierbestand investieren zu müssen, aber auf der anderen Seite Ausgaben für Zubehör scheut, provoziert über kurz oder lang nur einen Bissunfall. Ich habe während meiner Zeit als Giftschlangenhalter allerlei sträflichen Leichtsinn erlebt, der

**Schutzausrüstung:**
**Derbe, ellbogenhohe**
**Rinderspaltleder-**
**handschuhe und**
**Kopfschutz**
Foto: A. Gumprecht

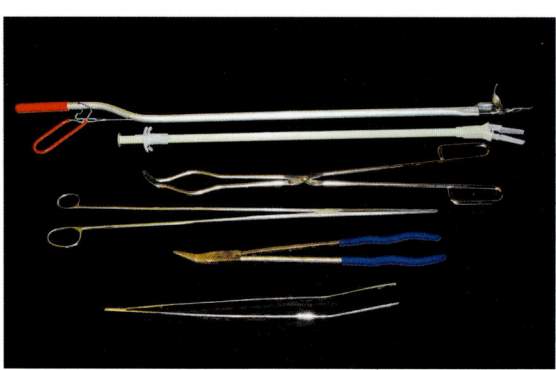

**Eigentlich kein Spezialzubehör (von oben nach unten): Müllzange (für das Reichen von Futterstücken), Aquarienpflanzenzange (ebenfalls), Grillzange (ebenfalls oder für Wechsel von Wassernäpfen), lange Arterienklemme (Reichen von Futterstücken), lange abgewinkelte Spitzzange (Wechsel von Wassernäpfen), lange Pinzette (Reichen von Futterstücken).** Foto: A. Gumprecht

**DER PRAXISTIPP**
Selbst angefertigtes Zubehör muss den gleichen Qualitätsansprüchen genügen wie die Produkte eines professionellen Ausrüsters. Gute Schlangenhaken lassen sich mit Artikeln aus Baumarktsortimenten anfertigen. So finden Sie in den allermeisten Baumärkten Aluminium-Displays der Firma Alfer. Kaufen Sie Aluminiumrohr in verschiedenen Durchmessern als Meterware und stellen Sie damit auf Ihren persönlichen Bedarf angefertigte Utensilien her: Auf die eine Seite des mit einer Eisensäge zugeschnittenen Aluminiumrohres kleben Sie mittels Silikon einen Fahrradhandgriff aus Moosgummi. Das andere Ende versehen Sie mit einem Schlangenhaken. Den können Sie sich mit einer Zange selbst aus Aluminiumvollstabmaterial biegen. Das Ende des Hakens wird anschließend noch mit einer Schlüsselfeile abgeflacht und dann mit Silikon mittig in dem Rohr verklebt. Auf die gleiche Weise stellen Sie Reinigungsutensilien her: einen großen Löffel (Salatlöffel) in ein mit Griffstück armiertes Rohr schieben und mit Silikon verkleben – und fertig ist der „Kotlöffel".

mich äußerst verärgert und aufgebracht hat. Aus einem provisorisch mittels Klebeband und anderen ungeeigneten Materialien gestümperten und umgebastelten Kleiderbügel wird kein alltagstauglicher Schlangenhaken! Und besagter Eigner dieses „Präzisionswerkzeuges" fand sich durch seine Nachlässigkeit gestraft auf der Intensivstation wieder …

Letztlich gibt es nur zwei Alternativen: nämlich entweder aus dem Sortiment eines professionellen Ausstatters auswählen oder selbst möglichst hochwertiges Zubehör anfertigen. Für Ersteres lohnt sich ein Blick auf die Homepage des amerikanischen Herstellers und Marktführers „Midwest tongs" (www.tongs.com).

Sie sollten in Ihrem Grundbestand über mehrere Schlangenhaken in verschiedenen Längen verfügen, mit denen sich die von Ihnen gehaltenen Giftschlangen mit dem nötigen Sicherheitsabstand handhaben lassen. Für juvenile Tiere brauchen Sie dementsprechend kleine Haken, während adulte Exemplare große und robuste Haken erfordern.

Insbesondere bei der Haltung baumbewohnender Arten der Gattung *Trimeresurus* (sensu lato = im weiteren Sinn) kann ich aufgrund der großen Reichweite, mit der diese Arten unvermittelt zubeißen kön-

nen, nur empfehlen, einen Kopfschutz aus Plexiglas zu tragen. Derbe Handschuhe aus Wild- oder Rin-
derspaltleder, die bis zu den Ellenbo-
gen hinaufreichen, sollten ebenfalls
obligatorisch bei der Vornahme von
Routinearbeiten getragen werden.

Bei Fütterungen sind stets Handschuhe zu tragen und die einzelnen
Futterstücke mittels langen Pinzetten
oder Futtergreifern anzubieten. Mer-
ke: Eine lange Pinzette kann halt
manchmal zu kurz sein, und auf der
anderen Seite garantieren Leder-
handschuhe alleine auch nicht hun-
dertprozentigen Schutz, deswegen
auf gar keinen Fall den Versuch un-
ternehmen, direkt aus der „beschuh-
ten" Hand zu füttern. Übrigens sind
Handschuhe von „Midwest tongs"
mit einem Inlett aus ballistischem
Kevlar versehen, um das Risiko des
Tierpflegers im Bissfall zu minimie-
ren.

Je weniger Sie an Ihren Tieren mani-
pulieren, desto weniger setzen Sie
sich der Gefahr aus, gebissen
zu werden. Die meisten
Bissunfälle, in die Terrarianer verwickelt

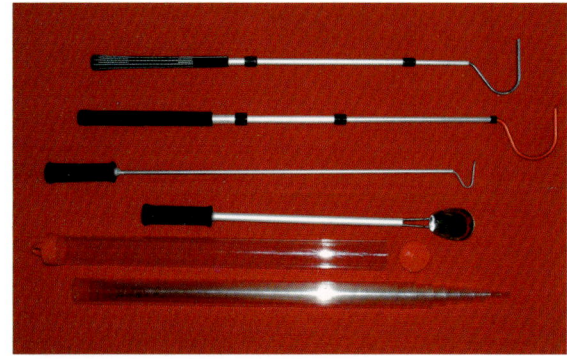

**Teleskophaken (modifizierter Golfschläger),
Teleskophaken (Fa. „Midwest Tongs"), Mittlerer Haken (Eigenbau: Fahrradhandgriffe
aus Moosgummi, „Alfer"-Alurohr aus dem
Baumarkt, selbst gebogener Haken aus „Alfer"-Alustabmaterial, Kotlöffel (Eigenbau:
Fahrradhandgriffe aus Moosgummi, „Alfer"-
Alurohr aus dem Baumarkt, eingeschobener
großer Salatlöffel), Kunststoffröhren in verschiedenen Größen, um z. B. Tiere gefahrlos
zu sondieren (Fa. „Midwest Tongs").**
Foto: A. Gumprecht

sind, ereignen sich zum einen während der Vornahme von Routinearbeiten in alkoholisiertem Zustand
und zum anderen bei Fütterungen,
insbesondere der Zwangsfütterung
von Jungschlangen.

**Eine Fliesenle-
gerkelle aus
dem Baumarkt
mit Moosgummi-
besatz eignet sich
hervorragend zum Fi-
xieren von Giftschlan-
gen.**
Foto: A. Gumprecht

## Es ist so weit: Der Kauf steht an

**DIE** Weißlippen-Bambusotter wird seit vielen Jahren regelmäßig nachgezogen. Der Rückgriff auf Wildfänge aus dem Handel ist daher nicht mehr nötig. Nachzuchten von *C. albolabris* sind überdies zumeist günstiger als die frisch importierten Wildfänge. Wie vorab bereits erwähnt, kann der Kauf von *C. albola-*

*bris* sowohl bei privaten Züchtern als auch über den Fachhandel erfolgen.

Meine ausdrückliche Empfehlung ist, nach Möglichkeit Nachzuchten zu erwerben. Zum einen werden dadurch die natürlichen Bestände geschont, zum anderen sind importierte Wildfänge nachgewiesenermaßen oftmals in schlechter gesundheitlicher Verfassung. An den Kauf von Wildfängen schließen sich mitunter nicht unbeträchtliche Kosten für veterinärmedizinische Behandlungen an, die trotz aller Bemühungen dennoch nur zu häufig mit dem Verlust des neu erworbenen Tieres enden.

Jede Neuerwerbung sollte zwingend einer mehrmonatigen Quarantäne unterzogen werden. Als Qua-

**Thermostabile Transportbehältnisse aus Styropor, Leinensäcke und ein Kühlakku (alternativ wird, je nach Jahreszeit, natürlich ein Heatpack verwendet).** Foto: A. Gumprecht

**ACHTUNG, GRUBENOTTER!**

Versuchen Sie niemals, eine Grubenotter lediglich in einem Leinensack zu transportieren. Aufgrund der Lorealgruben ist es Grubenottern möglich, nur durch Wahrnehmung der Körpertemperatur auf Annäherung sofort zu reagieren. Das bedeutet, dass – wenn ein Schlangensack unterhalb des Knotens ergriffen wird – die Gefahr besteht, dass einzelne Exemplare sofort zielgenau in die Hand beißen, selbst wenn sie nichts sehen können.

rantäneterrarium eignet sich ein ausreichend großer, sehr einfach und hygienisch eingerichteter Behälter, der jedoch hinsichtlich Temperatur, Beleuchtung, Versteckmöglichkeit und Wasserangebot allen Grundbedürfnissen der Schlangen gerecht werden muss. Während der Quarantänezeit sollte man zwei- bis dreimal Kotproben zur Untersuchung auf Parasiten und Krankheitserreger bei einem entsprechend ausgestatteten Veterinär oder einem Institut einreichen (siehe „Weitere Informationen").

**DER PRAXISTIPP**

Die Quarantänebecken sollten so weit wie möglich entfernt von Ihrer Terrarienanlage aufgestellt werden, am besten in einem anderen Raum. Selbstverständlich sind auch an einen Quarantäneraum für Giftschlangen die gleichen hohen Sicherheitsansprüche zu stellen wie an den eigentlichen Tierraum. Um jegliche Ansteckung Ihres etablierten Tierbestandes auszuschließen, sollten Sie für Ihre Neuerwerbungen eigene Gerätschaften benutzen und sich für Arbeiten in den einzelnen Becken jeweils neue Einweg-Latex-Handschuhe anziehen. Als Standort für die Quarantänepfleglinge ist möglichst ein Platz mit absoluter Ruhe zu wählen. Beschränken Sie sich mit Manipulationen und Routinearbeiten in und um die Behältnisse der Tiere auf das absolut notwendige Mindestmaß.

**Adulter weiblicher *Cryptelytrops albolabris* aus Tam Dao, Provinz Vinh Phu, Nord-Vietnam. Auffällig sind die herrlichen gelben Bauchseiten.** Foto: A. Gumprecht

## Behandlung von Krankheiten

**IST** das Thema „Krankheiten von Reptilien" schon unangenehm, ihre Behandlung ist es erst recht. Besonders delikat ist natürlich die Behandlung kranker Giftschlangen. Wollen Sie die Konfrontation als Tierhalter mit diesem Themenkomplex erst einmal weitestgehend vermeiden, dann können Sie dies vor allem durch den Kauf gut ausgesuchter Nachzuchten von einem renommierten Züchter tun.

Ein Kauf von Wildfängen hingegen zieht notwendigerweise eine ganze Reihe von Routineuntersuchungen nach sich, in deren Folge zumindest Wurmkuren und/oder die Entfernung von Hautwürmern angesagt sind.

Giftschlangen können im Laufe ihres Lebens ebenso an Krankheiten leiden wie andere Lebewesen auch. Und da es unzählige mehr oder weniger schwerwiegende Reptilienkrankheiten gibt,

## Literaturbeschaffung und das World Wide Web

**FÜR** alle Giftschlangenhalter oder die, die es werden wollen, sollte die Lektüre von Fachliteratur eine Selbstverständlichkeit sein. Besorgen Sie möglichst umfassend die Ihrem Interessensgebiet zugehörige Literatur. Neben einer „Grundbibliothek" zur Terraristik und Giftschlangenhaltung können Sie sich noch einzelne Aufsätze oder spezielle Fachbücher über den

Service der Leihbibliotheken bestellen. Entsprechende Zitate finden Sie in der Grundlagenliteratur, so auch in diesem Buch.

Die Benutzung des Internets ist mittlerweile in unserem täglichen Leben fest verankert, und ohne Frage ist das World Wide Web ein nützliches Werkzeug, das sich in vielerlei Hinsicht mit praktischem Nutzen einsetzen lässt. Aber bisweilen scheint es, dass nicht wenige Lieb-

Postleitzahlen sortierten Überblick erhalten Sie über die DGHT (siehe „Weitere Informationen"; auch unter: www. dght.de).

**Gehört in jede Terrarienapotheke: Digital-waage (links), Kanülen und Einwegspritzen, Diabetikerspritze und Knopfsonde, Sonden-set zur Geschlechtsbestimmung, Spatel, Skalpell und Plastikröhrchen mit Desinfektions-flüssigkeit oder Vaseline.** Foto: A. Gumprecht

wäre es sinnlos, an dieser Stelle für alle Eventualitäten Seiten füllende Tipps zur Medikation zu geben. Ich kann Ihnen nur dringend raten, im Ernstfall schnelle und professionelle Hilfe in erster Linie bei den dafür zuständigen Spezialisten der Veterinärmedizin zu suchen. Mittlerweile gibt es in Deutschland Veterinäre, die sich auf Reptilienkrankheiten spezialisiert haben und auch Giftschlangen behandeln. Einen nach

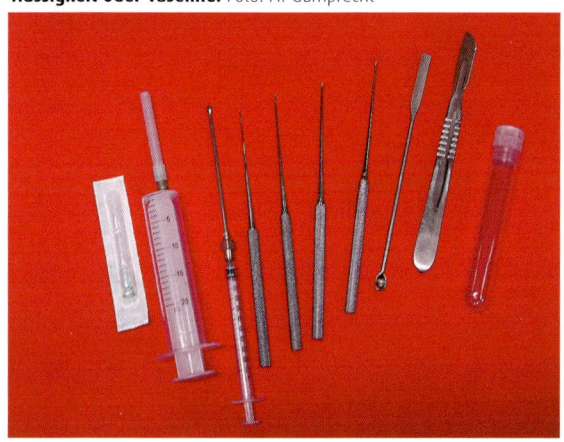

haber der trügerischen Ansicht verfallen sind, dass das Lesen von Printmedien der Vergangenheit angehöre. Dem ist eindeutig nicht so, und fast alle relevanten wissenschaftlichen Daten werden nach wie vor in Printmedien publiziert. Daran wird sich auch bei aller Fortschrittsgläubigkeit auf absehbare Zeit wohl kaum etwas ändern. Wenn Sie sich via Internet informieren wollen, sollten Sie sehr kritisch sein. Ziehen Sie das Internet unterstützend zu Rate, Ihre primäre Informationsquelle sollten aber Bücher und Zeitschriften sein.

Mitunter schauerlich geht es in den diversen Diskussionsforen des Internets zu. Wer hier meint, kompetente Hilfe erwarten zu dürfen, gerät nur zu oft in die Fänge selbst ernannter Fachleute, die außer zweifelhaften Wortmeldungen nicht viel zu bieten haben.

## Allgemeines zu Taxonomie und Systematik von *Cryptelytrops albolabris*

**IM** eingangs geschilderten fiktiven Bissunfall mag u. a. deutlich geworden sein, dass sowohl die Verwendung der korrekten wissenschaftlichen Artnamen als auch das Wissen um Taxonomie und Systematik der gehaltenen Giftschlangen essenziell für jeden Halter sind. Es gilt, ganz schnell das Kosenamen-Niveau von „Trimis" zu verlassen und die richtigen Fachtermini zu verwenden. Die wissenschaftliche Systematik kann man mit einem Verzeichnis vergleichen, das dazu dient, alle Lebewesen wie bei einer Inventur zu erfassen und sie ihren Verwandtschaftsverhältnissen entsprechend zu ordnen und zu klassifizieren. Die wissenschaftliche Taxonomie ist aber ihrerseits ständigen Änderungen unterworfen, da sich die Kenntnisse über die Verwandtschaftsverhältnisse der Lebewesen stetig weiterentwickeln. Die neuen Forschungsergebnisse haben regelmäßig auch Auswirkungen auf taxonomischer Ebene und können nach den Regeln der Nomenklatur auch zu neuen Gattungsnamen führen.

Historisch betrachtet kommt es vor, dass einzelne Arten im Laufe der Zeit wiederholt anderen Ordnungseinheiten unterworfen waren und somit z. B. in verschiedenen Gattungen geführt wurden.

Insbesondere die grünen Bambusottern lösten in der Vergangenheit eine beispiellose Konfusion in der Literatur aus, die sicherlich in der Herpetologie ihresgleichen sucht (siehe dazu auch MALHOTRA & THORPE 1996; GUMPRECHT 1997, 1998, 1999; GUMPRECHT & RYABOV 2002). Aber der Reihe nach.

Bei der Weißlippen-Bambusotter handelt es sich um eine Grubenotter, die zu dem wissenschaftlich höchst interessanten Komplex der in Asien beheimateten grünen Bambusottern zählt. Alle asiatischen Bambusottern wurden noch bis vor kurzem in der alten Sammelgattung *Trimeresurus* geführt. In der letzten systematischen Checkliste über die asiatischen Grubenottern (GUMPRECHT et al. 2004) wurden nicht weniger als 37

> ### WUSSTEN SIE SCHON?
> Neben der Weißlippen-Bambusotter *C. albolabris* werden zur Gattung *Cryptelytrops* derzeit noch die Arten *C. andersoni* (Andamanen-Grubenotter), *C. cantori* (Cantors Grubenotter), *C. erythrurus* (Rotschwanz-Bambusotter), *C. fasciatus* (Gebänderte Bambusotter), *C. insularis* (Insel-Bambusotter), *C. kanburiensis* (Kanchanaburi-Bambusotter), *C. labialis* (Nikobaren- Bambusotter), *C. macrops* (Großaugen-Bambusotter), *C. purpureomaculatus* (Küsten- Grubenotter), *C. septentrionalis* (Nördliche Bambusotter) und *C. venustus* (Schöne Bambusotter) gerechnet.

valide Taxa (= gültige Arten und Unterarten) der Gattung *Trimeresurus* aufgeführt.

Die systematische Ordnung innerhalb der alten Gattung *Trimeresurus* konnte aber bereits seit längerem nicht mehr befriedigen und erfuhr in den letzten Jahren mehrfach Teilbearbeitungen. So wurden die Asiatischen Bergottern 1981 in die neue Gattung *Ovophis* und die Asiatischen Lanzenkopfottern schließlich 1983 in die neue Gattung *Protobothrops* gestellt.

Die bisher umfangreichste Überarbeitung der Gattung *Trimeresurus* erfolgte vor kurzem in der Arbeit von MALHOTRA & THORPE aus dem Jahr 2004, die zu einer grundlegenden Neuordnung führte. Diese Autoren präsentierten eine Revision, die auf den Ergebnissen ihrer langjährigen phylogenetischen Analysen der Mitochondrial-DNA sowie auf dem Vergleich der Morphologie der Hemipenisstrukturen und verschiedener

Eine männliche Weißlippen-Bambusotter zeigt sich in ihrer ganzen Pracht.
Foto: A. Gumprecht

Charakteristika der Kopfbeschuppung basierte. Als Ergebnis dieser Studie wurden die alten Gattungen *Cryptelytrops* COPE, 1860; *Parias* GRAY, 1849 und *Peltopelor* GÜNTHER, 1864 revalidiert (= wieder für gültig erklärt) und vier Gattungen durch die Autoren neu benannt, nämlich *Garthius*, *Himalayophis*, *Popeia* und *Viridovipera*.

*Cryptelytrops albolabris* wurde ursprünglich durch GRAY im Jahr 1842 als *Trimesurus albolabris* beschrieben und danach in die Gattung *Trimeresurus* gestellt.

## Verbreitung

**DIE** Weißlippen-Bambusotter gilt als die am wenigsten spezialisierte Art der (ehemaligen) Gattung *Trimeresurus* (sensu lato). Aufgrund ihrer Anspruchslosigkeit und Anpassungsfähigkeit an klimatische Bedingungen, verschiedenartige Habitate und das jeweilige Nahrungsangebot besiedelt sie das größte Verbreitungsgebiet aller asiatischen Grubenottern. Allerdings herrscht nach wie vor Unklarheit über ihre genaue Verbreitung. Bestätigte Fundmeldungen liegen vor aus Bangladesch, Kambodscha, China (südliche Provinzen Fujian, Guangdong, Hainan, Hongkong, Jiangxi, Guangxi, Guizhou, und Yünnan), Indien (Assam und die Inselgruppe der Nikobaren), Indonesien (Sumatra, Bangka, West-Java, Madura und Sulawesi), Laos, Myanmar, Thailand und Vietnam. Überdies wurde über ein Vorkommen aus dem Süden Nepals, genauer gesagt aus dem Royal Chitwan National Park (300 m ü. NN) berichtet.

Weiterhin mit Vorsicht sollten Funde von *C. albolabris* aus Malaysia (West- und Ost-Malaysia) und Indonesien (Kalimantan) behandelt werden (WÜSTER in DAVID & INEICH 1999). Der indische Herpetologe I. DAS gab 1994 an, dass die Weißlippen-Bambusotter nicht der Herpetofauna der Andamanen und Nikobaren (Indien) zuzurechnen sei. Seit kurzem gibt es aber Bildmaterial indischer Naturfotografen von den Nikobaren, das grüne Bambusottern zeigt, und zwar sehr wahrscheinlich eben doch *C. albolabris*.

Ebenfalls noch unsicher stellt sich nach Aussage der renommierten Herpetologin A. MALHOTRA derzeit die Situation in Nord- und Nordost-Indien, Süd-Nepal, Nord-Bangladesch und Nord-Myanmar dar. Nachweise aus diesen Faunengebieten bedürfen weiterer Bestätigung und werden derzeit bearbeitet.

**Adulter männlicher *Cryptelytrops albolabris* aus Ba Na San, Ampoe Thung Tao, Provinz Surat Thani, Süd-Thailand** Foto: A. Gumprecht

Weibliche Weißlippen-
Bambusotter (650 m ü. NN,
Provinz Loei, Nordost-
Thailand).
Foto: A. Gumprecht

## Lebensraum

**IM** überwiegenden Teil des bekannten Verbreitungsgebietes ist *Cryptelytrops albolabris* ein Bewohner des Tieflandes. Obwohl die Weißlippen-Bambusotter auch im Hügelland anzutreffen ist, stellen Nachweise oberhalb von 800 m ü. NN eher die Ausnahme dar.

Die Weißlippen-Bambusotter ist eine nachtaktive, überwiegend arboricole, d. h. Bäume und Strauchwerk bewohnende Art. Sie bewegt sich nur während der Paarungszeit oder nach starken Regenfällen am Boden. Nachweise gelangen zumeist im Strauchwerk bzw. auf Farnen, ca. 1

**Bambusdickicht in der Provinz Chantaburi, Thailand** Foto: A. Gumprecht

m oberhalb des Erdbodens. *Cryptelytrops albolabris* wartet hier, durch die Körperfärbung ausgezeichnet getarnt, auf Beute. Das Nahrungsspektrum besteht aus Kleinsäugern, Froschlurchen und Vögeln. Seltener werden Echsen, ausnahmsweise sogar Schlangen gefressen.

Während mehrerer herpetologisch orientierter Reisen durch Thailand war es mir möglich, wiederholt die Weißlippen-Bambusotter nachzuweisen. Tote Exemplare fand ich auf den Landstraßen in der thailändischen Zentralregion, die überwiegend von Reisfeldern und Strauchwerk flankiert waren. Zahlreiche *C. albolabris* konnte ich in den Nordost-Provinzen Loei und Phetchabun aufspüren. Weitere Nachweise gelangen mir in den beiden Nord-Provinzen Chiang Mai und Chiang-Rai sowie im Süden Thailands in der Provinz Surat Thani.

In Nordost-Thailand fand ich *C. albolabris* in den Dong-Phaya-Yenin-Bergen. Diese Berge in den Provinzen Loei und Phetchabun stellen eine an sich noch ziemlich ursprüngliche und wilde Landschaft dar. Die Bevölkerungsdichte ist hier gering, und eine landwirtschaftliche Nutzung findet nur in den Tälern statt. Die Berge sind zumeist von dichtem Bambusbusch oder Sekundärregenwald bestanden. Auf den Bergrücken lassen sich noch große Flächen intakter Primärregenwälder finden. Innerhalb dieser Bergregion gibt es drei große Nationalparks, nämlich Nam Nao, Phu Rua und Phu Kradung. Die Bergspitzen dieser Parks erreichen Höhen über 1.500 m ü. NN. Nachweise der Weißlippen-Bambusotter gelangen mir bis in eine Höhe von 850 m ü. NN. Beachtlich ist, dass sich die Habitate dort in der kühlsten Region Thailands befinden. Die Monate Dezember, Januar und Februar sind dort am kältesten. In 850 m ü. NN sind tagsüber Temperaturen um 10 °C und Nachtabsenkungen auf 5 °C möglich. Auf den Bergspitzen in 1.500 m ü. NN können in kalten Nächten sogar Frostgrade erreicht werden. *Cryptelytrops albolabris* zieht sich während der Kälteperiode zurück und hält eine Winterruhe.

Weißlippen-Bambusottern habe ich auch in den beiden thailändischen Nord-Provinzen Chiang Mai und Chiang Rai während mehrerer Exkursionen gefunden. Nachweise gelangen mir im Gebiet Doi Suthep - Doi Pui, am Fuß des Doi Inthanon, rund um den Doi Mon Angket sowie in den Ausläufern des Doi Chang Dao und des Doi Thung. Die Fundorte lagen an den Rändern von Primär- und Sekundärwäldern, in der Nähe von Bam-

**Kulturland in den Dong-Paya-Yenin-Bergen**
Foto: A. Gumprecht

busdickichten und Farmland sowie am Rand einer Teeplantage. Besonders häufig ließ sich die Weißlippen-Bambusotter an asphaltierten Straßen aufspüren. Dort lagen die Tiere unmittelbar auf Pflanzen und Ästen im Vegetationsrandbereich knapp über der Straße in 40 cm Höhe und lauerten auf Frösche. Alle Fundorte lagen oberhalb von 600 m ü. NN.

**Habitat in den Randbereichen eines Wasserfalls im Doi-Inthanon-Gebiet in Nord-Thailand** Foto: A. Gumprecht

## Beschreibung

**AUS** gehend von Körpergröße und Körperbau weiblicher Tiere, handelt es sich bei der Weißlippen-Bambusotter um eine mittelgroße, den-

**Blutrote Augen und das Grün der Körperoberseite stehen in herrlichem Kontrast zu dem Weiß der Kehle und der Bauchseite.** Foto: A. Gumprecht

noch stattliche Schlange von robuster und kräftiger Statur. Allerdings muss darauf hingewiesen werden, dass *C. albolabris* einen äußerst ausgeprägten Sexualdimorphismus (= Geschlechtsunterschiede in der äußeren Gestalt) und Sexualdichromatismus (= Geschlechtsunterschiede in Färbung oder Zeichnung) aufweist.

Weibchen sind deutlich größer und massiger als die eher klei-

nen und zierlich gebauten Männchen. Auch die Köpfe der Weibchen erscheinen größer und eindrucksvoller als die der Männchen. Der Kopf der Weißlippen-Bambusotter ist länglich oval und nicht so deutlich vom Hals abgesetzt wie die stark dreieckigen Köpfe von Vertretern der Gattungen *Popeia* und *Viridovipera*. Die vorgenannten geschlechtsspezifischen Unterschiede des Körperbaus sind ursächlich dafür, dass Importe aus dem Handel in der Vergangenheit zumeist falsch bestimmt waren. Während weibliche Exemplare korrekt als *Trimeresurus albolabris* angeboten wurden, wurden Männchen zumeist als *T. popeiorum* bezeichnet. Die Augen weiblicher Weißlippen-Bambusottern erscheinen eher klein, die der Männchen hingegen groß. Die Farbe der Augen variiert je nach Herkunftsgebiet. So weisen Tiere aus dem Süden und der Zentralregion Thailands sowie aus Kambodscha und dem Süden Vietnams schwefelgelbe Augen auf. Im Nordosten von Thailand und dem Norden Vietnams sind die Augen eher kupferfarben. Die thailändischen Hochlandpopulationen aus den Nord-Provinzen Chiang Mai und Chiang Rai haben blutrote Augen. Adulte Weibchen der Weißlippen-

**WUSSTEN SIE SCHON?**
Bezüglich des Postocularstreifens von *Cryptelytrops albolabris* liegt ein weit verbreiteter Irrtum vor: Er ist nämlich nicht „verantwortlich" für den Trivialnamen „Weißlippen-Bambusotter". Auch die aufgehellten Kopfseiten waren nicht ursächlich für diesen Namen, denn schließlich sind ja auch sie grünlich oder gelblich. Weiß hingegen ist lediglich der schmale Lippenrand von *C. albolabris* (s. a. WHITACKER & CAPTAIN 2004). Allerdings ist dieses Merkmal bei geschlossenem Maul nur schwer zu erkennen.

Bambusotter erreichen durchschnittlich eine Gesamtlänge bis zu 100 cm. Es wurden allerdings auch schon Ausnahmeexemplare mit einer Gesamtlänge bis zu 120 cm bekannt. Männchen bleiben mit ca. 80 cm Gesamtlänge deutlich kleiner.

Zumeist ist die Grundfarbe der Weißlippen-Bambusotter ein Hell- bis Dunkelgrün. Die Bauchseiten können ebenfalls grünlich, weiß oder in vietnamesischen Populationen sogar gelb sein. Männchen weisen zumeist einen weißen Postocularstreifen (= Hinteraugenstreifen) auf, der in der Nackenregion in einen weißen Lateralstreifen (= Seitenstreifen) übergeht. Diese Streifung zieht sich bis in die Höhe der Kloake, manchmal auch darüber hinaus bis fast zur Schwanzspitze. In Populationen aus dem thailändischen Süden können auch Weibchen einen deutlichen Seiten-

**Adulter männlicher *Cryptelytrops albolabris* aus West-Java, Indonesien.** Foto: A. Gumprecht

streifen zeigen.

Auf der Oberseite des Schwanzes verläuft ein klar abgesetzter rostroter Streifen.

Die Jungschlangen ähneln in der Körperfärbung bereits weitestgehend den adulten Exemplaren.

**Tabelle:**
**Die wichtigsten pholidotischen Merkmale (= Beschuppungsmerkmale) von *Cryptelytrops albolabris*:**

| Bauchschuppen (Ventralia) | Schuppen auf der Schwanzunterseite (Subcaudalia) | Rückenschuppen (Dorsalia) | Oberlippenschilde (Supralabialia) | Beschaffenheit des ersten Oberlippenschildes und des Nasale |
|---|---|---|---|---|
| ♂♂ 150–169 | ♂♂ 56–78 | 21 | 7–13 | verschmolzen |
| ♀♀ 149–173 | ♀♀ 44–73 | | | |

**Schwanzoberseite von *Cryptelytrops albolabris* (Nordost-Thailand)** Foto: A. Gumprecht

## Das Terrarium

**TER**rarien von Giftschlangen haben nichts im eigentlichen Wohnraum verloren, das gilt selbstverständlich auch für Terrarien von Weißlippen-Bambusottern. Als Standort kommt nur ein separater Terrarienraum in Betracht oder ein Raum, der sich weder in permanenter Benutzung befindet noch ohne weiteres von Familienangehörigen, Kindern oder Besuchern betreten werden kann.

Wie bereits festgestellt, sollte ein Terrarium für zwei Weißlippen-Bambusottern gemäß den Mindestanforderungen eine Minimalgröße des 0,75- x 0,5- x 1,0fachen (L x T x H) der Körperlänge der Schlangen aufweisen. Diese Maßangaben beziehen sich auf zwei adulte Exemplare. Es hat sich allerdings in der Praxis gezeigt, dass ein Terrarium für erwachsene Weißlippen-Bambusottern deutlich tiefer sein sollte. Ich empfehle deshalb, für zwei Weißlippen-Bambusottern ein Terrarium mit der Größe des 0,75- x 0,75- x 1,0fachen (L x T x H) der Körperlänge zu wählen.

Ein Terrarium für Weißlippen-Bambusottern sollte am besten ein Vollglasbecken oder ein Kunststoffcontainer mit Glasfront und entsprechender Lüftung sein. Aus Sicherheitsgründen muss sich das Behältnis auch abschließen lassen. In Erwartung von Nachzuchten muss darauf geachtet werden, dass das Terrarium keine Spalten aufweist, die einen Ausbruch der Neugeborenen zulassen. Selbstverständlich können als Terrarium auch beschichtete Holzkonstruktionen mit Multiplex- oder Siebdruckplatten Verwendung finden. Ebenfalls bewährt haben sich als Baumaterial für Terrarien mit feuchtem Milieu so genannte Wedi- oder auch Styrodurplatten.

Meine Terrarien sind so gebaut, dass sie von der Frontseite (unten) und der Rückseite (oben) belüftet werden. Die Lüftungsbereiche durchziehen die Terrarien der gesamten Länge nach. Sie sind gegen ein Entweichen der Terrarieninsassen mit Lochblech (± Bohrungen 4–5 mm) aus Aluminium gesichert. Um den gefürchteten Kamineffekt (Zugluft) zu verhindern, werden die Terrarien von der Frontseite indirekt, d.

### MINDESTANFOR-DERUNGEN AN DIE HALTUNG

Ein Terrarium für zwei Exemplare der Gattung *Trimeresurus*, zu der die Weißlippen-Bambusotter beim Erstellen des Gutachtens noch gerechnet wurde, sollte gemäß den „Mindestanforderungen" für die Haltung eines Pärchens eine Größe des 0,75- x 0,5- x 1,0fachen (Länge x Tiefe x Höhe) der Körperlänge der Schlangen aufweisen. Für weitere Tiere sei das Volumen des Terrariums um 20 % zu erhöhen.

h. über einen Luftschacht belüftet.

Da der Bodengrund in einem Terrarium für Weißlippen-Bambusottern zu einem Teil permanent feucht gehalten werden sollte, ist es unerlässlich, den Behälter insbesondere in den Ecken penibel mit Aquariensilikon zu versiegeln.

Als Bodengrund sollten nur Substrate verwendet werden, die Feuchtigkeit speichern. Geeignete Bodengründe sind Torf, Walderde oder Kokoshumus. Auf die Verwendung von Torf sollte aber letztlich aus Gründen des Landschafts- und Naturschutzes verzichtet werden. Den Bodengrund bringt man bis zu einer Höhe von ca. 10 cm ein. Sehr dekorativ sieht es aus, wenn der Bodengrund mit großen Moosstücken belegt wird und die Zwischenräume mit grober Pinienrinde verfüllt werden.

Das Terrarium sollte nach Möglichkeit nur von der Front her einzusehen sein. So bleibt den Bambusottern viel vermeidbarer Stress erspart. Die Verkleidung von Rück- und Seitenwänden ist daher weniger aus optischen Gründen als vielmehr als Sichtschutz geboten. Ihre Gestaltung an sich ist eher eine Sache des persönlichen Geschmacks. Es gibt mittlerweile im Handel sehr schöne naturähnliche „Fertiglösungen" in vielen Designs. Sehr edel wirken Nachbildungen von Felswänden oder Bambus-reihen. Selbstverständlich besteht auch die Möglichkeit, Rück- und Seitenwände selbst zu gestalten (siehe hierzu WILMS 2004). Es muss aber garantiert sein, dass die

**DER PRAXISTIPP**

Wenn man sich vor Augen führt, dass Weißlippen-Bambusottern Gesamtlängen von durchschnittlich bis zu 100 cm erreichen, bedeuten die von mir vorgeschlagenen Anforderungen an die Terrariengröße für ein Zuchtpärchen (im „Fachjargon" als 1,1 abgekürzt; Zahl der Männchen vor, Zahl der Weibchen nach dem Komma) ein Terrarium mit den Maßen 0,75 x 0,75 x 1,00 m (Länge x Tiefe x Höhe).

verwendeten Materialien und ihre Gestaltung im Terrarienalltag bestehen und sich insbesondere leicht reinigen und desinfizieren lassen.

**Im Detail: Luft- und Kaffeestrauchwurzeln**
Foto: A. Gumprecht

Die **Einrichtung** eines Terrariums für *C. albolabris* sollte möglichst nach zweckmäßigen Gesichtspunkten gestaltet sein. Alle Einrichtungsgegenstände müssen stabil und fest verankert sein. Wichtig sind einige diagonal ins Terrarium gestellte und sicher befestigte Klettermöglichkeiten sowie nach Möglichkeit eine natürliche Bepflanzung. Als Klettermöglichkeit eignen sich die im Handel erhältlichen Lianen bzw. Luftholzwurzeln. Auf Versteckmöglichkeiten am Boden sollte nicht verzichtet werden, obwohl sich die Tiere überwiegend im Geäst aufhalten. Manchmal wird von den Bambusottern eben doch der Terrarienboden gezielt aufgesucht, und wenn man Ver-

**Unverzichtbares Zubehör für jeden Halter asiatischer Grubenottern: das Drucksprühgerät** Foto: A. Gumprecht

steckmöglichkeiten anbietet, werden diese auch genutzt. Es ist bei der Inneneinrichtung daran zu denken, dass das Terrarium übersichtlich bleibt, damit man bei Routinearbeiten den Besatz im Blick hat. Auf eine Wasserschale kann man verzichten, da *C. albolabris* meist nur Sprühwasser trinkt und Wasserschalen weitestgehend ignoriert.

Dem Thema **Bepflanzung** wurden schon ganze Bücher gewidmet. Bambusottern lassen die Bepflanzung unbehelligt, sodass Sie nicht dazu gezwungen sind, Kunststoffpflanzen zu verwenden. Bei allen Bambusotterarten empfehle ich daher eine natürliche Bepflanzung des Terrariums. Die Schlangen benötigen zu ihrem Wohlbefinden eine relativ hohe Luftfeuchtigkeit. Auf das Luftfeuchtigkeitsmanagement im Terrarium wirkt sich neben regelmäßigem Sprühen auch eine natürliche Bepflanzung positiv aus. Als Terrarienpflanzen eignen sich alle Gewächse, die mit einem schattigen Standort klarkommen. Über Jahre ausdauernd zeigt sich die unverwüstliche und dekorative, dickblättrige Pflanze *Zamioculcas ferri.*

Aussagen zu den **Temperaturansprüchen** von *C. albolabris* sind nicht ohne nähere Recherchen zu dem Herkunftsgebiet der jeweiligen Terrarientiere zu treffen. Erwerben

Sie nur Tiere mit gesicherten Herkunftsangaben von seriösen Züchtern und vermischen Sie bitte zur Nachzucht keine Exemplare aus verschiedenen Herkunftsgebieten. Wenn sich die Herkunft Ihrer Tiere nachvollziehen lässt, besorgen Sie sich am besten das „Handbuch ausgewählter Klimastationen der Erde" von MÜLLER (1996). Anhand der Klimatabellen dieses Standardwerkes wird es Ihnen möglich sein, das Temperaturmanagement Ihrer Terrarien vorzunehmen.

Während Weißlippen-Bambusottern aus der thailändischen Zentralregion relativ resistent gegen Temperaturspitzen sind, werden dieselben Temperaturen bei Tieren aus den nördlichen Höhenlagen wohl schnell zum Exitus führen. Überdies können Individuen aus dem Süden des Verbreitungsgebietes das Jahr über relativ konstant bei Temperaturen von 20–28 °C gehalten werden, wohingegen Exemplare aus nördlichen Populationen tagsüber bei 20–25 °C gepflegt werden sollten und einer zwei- bis dreimonatigen Überwinterung bedürfen. Eine deutliche nächtliche Abkühlung ist bei ihnen zu empfehlen. Werte bis 18 °C sind für alle Weißlippen-Bambusottern völlig unbedenklich und tragen durchaus zum Wohlbefinden der Tiere bei.

**Das Ende von Fingerabdrücken an Frontscheiben – praktisch und nützlich obendrein: Öffner für Schiebeglasscheiben (Bezug über Baumärkte oder direkt vom Glaser)**
Foto: A. Gumprecht

Wenn obige Richtwerte für das Temperaturmanagement des Terrarienraums beachtet werden, kann man auf elektrisches Zubehör wie Heizkabel oder Heizmatten verzichten. Auf keinen Fall gehört so etwas in das Innere eines Terrariums. Eine Ausnahme stellt die Beleuchtung dar. So genannte gekapselte Lampengehäuse für Feuchträume können auch im Inneren von Terrarien verwendet werden, sofern sie außerhalb der

**DER PRAXISTIPP**

In meinen Terrarien setze ich überwiegend Leuchtmittel der Marke „Osram" vom Typ „Fluora" ein. Fluora-Leuchtmittel geben ein bläuliches Licht ab, das sehr angenehm für das Auge ist und für Bewohner schattiger Regenwälder eher angebracht erscheint als die grelleren Standardtypen wie Weißlicht-, Warmton- oder die speziellen Tageslicht-Leuchtstoffröhren.

Reichweite der Schlangen angebracht bzw. entsprechend gesichert
sind. Übrigens geben auch alle Arten
von Leuchtmitteln neben dem eigentlichen Licht einen nicht unerheblichen Teil ihrer Energieaufnah-
me als Wärmeleistung ab.

Zwei- bis dreimal wöchentlich sollte
zusätzlich im Terrarium gesprüht
werden. Versuchen Sie „indirekt" zu
sprühen, d. h., richten Sie den Sprüh-
strahl z. B. unter die Terrariendecke,
damit das Wasser von dort auf die
Tiere abtropfen kann. Wassertropfen
auf dem Körper werden meist sofort
von den Schlangen abgetrunken.

Zu guter Letzt sei hier noch die **Ter-
rarienbeleuchtung** angesprochen.
Sie sollte etwa zehn Stunden täglich
in Betrieb sein. Nach allgemeiner
Ansicht ist für die Haltung und Vermehrung von Bambusottern, ganz
im Gegensatz zur Pflege vieler Echsen oder Schildkröten, eine Versor-
gung der Tiere mit künstlichem ul-
travioletten (UV-) Licht nicht erfor-
derlich. Es reicht also aus, die Terrarien mit normalen, handelsüblichen
Weißlicht- oder Warmton-Leucht-
stoffröhren auszustatten. Für die Beleuchtung eines Terrariums mit einer Kantenlänge von 100 cm reicht
eine Leuchtstoffröhre von 18 Watt
aus. Verwenden Sie nur solche
Leuchtengehäuse im Terrarium, die
sich für Feuchträume eignen.

Weibliche Weißlippen-Bambusotter (650 m
ü. NN, Provinz Loei, Nordost-Thailand).
Foto: A. Gumprecht

## Gruppenhaltung/Vergesellschaftung

**VON** Natur aus sind Schlangen Einzelgänger. Lediglich in der Paarungszeit oder während der Winter- oder Sommerruhe finden ziel- und zweckgerichtete Annäherungen der Geschlechter oder mehrerer Exemplare statt. Die Gruppenhaltung von Schlangen kann zu Stresszuständen führen, wenn sich die Tiere durch ständiges „Überkriechen" oder bei Fütterungen gegenseitig belästigen. Dies kann sich natürlich auf den Gesundheitszustand der Pfleglinge negativ auswirken. Somit wäre also eigentlich die strikte Einzelhaltung optimal. Allerdings ist kaum ein Terrarianer mit größerem Bestand zu ihrer Verwirklichung in der Lage, da sie natürlich einen ungleich höheren Organisations-, Platz- und Kostenaufwand bedingt.

Weißlippen-Bambusottern lassen sich aber glücklicherweise meist ohne Probleme mit mehreren Artgenossen in einer Gruppe pflegen. Wenn Sie nicht dazu in der Lage sind, eine Einzelhaltung der Tiere zu gewährleisten, dann sollte eine Gruppenhaltung lediglich aus einem Paar, maximal aus zwei Paaren dieser Art bestehen. Während der Vornahme von Routinearbeiten im Terrarium sollten Sie nämlich den Tierbestand aus Sicherheitsgründen im Auge haben. Übrigens verhalten sich auch mehrere Männchen untereinander selbst in Anwesenheit von Weibchen verträglich. Es soll aber nicht verschwiegen werden, dass schon weibliche Exemplare der Weißlippen-Bambusotter bekannt geworden sind, die jedes hinzugesellte kleinere Exemplar innerhalb von kürzester Zeit verspeisten.

Giftschlangen sollte man nicht mit anderen Arten vergesellschaften, da Beißereien im Falle von Unverträglichkeiten ganz sicher einen tödlichen Ausgang nähmen.

## Terrarienhaltung

**GE** sunde Tiere vorausgesetzt, ist die Weißlippen-Bambusotter ein ausdauernder Terrarienpflegling. Unter Beachtung der richtigen Haltungsparameter wird Ihnen Ihr neuer Terrarienpflegling die nächsten zehn, 15, vielleicht sogar 20 Jahre erhalten bleiben.

Ich selbst halte langjährig Gruppen von verschiedenen Lokalitäten. Keine davon zeigte sich in der Pflege in irgendeiner Art und Weise schwierig.

Im Gegenteil, alle Gruppen vermehren sich ohne Probleme seit Jahren. Die Weißlippen-Bambusotter ist stets gefräßig und sollte einmal wöchentlich, zumindest aber alle zehn Tage gefüttert werden. Wie bereits angesprochen, sind während einer Fütterung besondere Sicherheitsvorkehrungen zu treffen. Füttern Sie stets „geschützt", d. h. tragen Sie Schutzhandschuhe. Fütterstücke sind Ihren Weißlippen-Bambusottern mit langen Futterpinzetten oder mit Futtergreifern anzubieten. Weibchen haben stets einen größeren Appetit als ihre männlichen Artgenossen und gehen durchaus ungestüm und rustikal ans Fressen. Adulte Weibchen bevorzugen ein-

**DER PRAXISTIPP**

Baumärkte sind ein Eldorado für Terrarianer. Halten Sie Ausschau nach Werkzeugen, die Sie für Ihre Zwecke nutzen können. Aus dem Aluminium-Rohr- und -Stabmaterial etwa der Firma „Alfa" lassen sich mit wenig Aufwand hervorragende Schlangenhaken nach Maß herstellen. In der Bedarfsabteilung für das Verlegen von Fliesen finden Sie Gummimatten und Kellen, die mit Gummi überzogen sind. Solche Materialien eigen sich hervorragend zum sicheren Fixieren von Schlangen. Derartige Hilfsmittel für die Giftschlangenhaltung sind aber auch „fertig" im Terraristik-Fachhandel zu erwerben.

Adulter männlicher *Cryptelytrops albolabris* aus Nord-Thailand, Provinz Chiang Mai. Typisch ist der lange relativ schmale Kopf der Männchen. Foto: A. Gumprecht

**DER PRAXISTIPP**

Bei allen Arten, die Futtermäuse fressen, erübrigt sich die Zufütterung von Zusatzstoffen, sofern die Futtermäuse ihrerseits nicht mangelernährt wurden (z. B. durch die alleinige Fütterung mit alten Brötchen/Brot). Mäuse, die mit speziellem Hochleistungs- oder Erhaltungs-Zuchtfutter aufgezogen wurden, sind an sich bereits vitaminisiert genug, da alle großen Spezialfuttermittelanbieter (z. B. „Sniff", „Altromin" oder „Höveler") ihre Futterpellets zusätzlich mit Vitaminen anreichern. Eine weitere, darüber hinausgehende Anreicherung der Futtertiere mit Vitaminen ist nicht nur überflüssig, sondern aus veterinärmedizinischer Sicht sogar für die Gesundheit der jeweiligen Terrarientiere auf Dauer bedenklich (Gefahr der Hypervitaminose).

deutig große Mäuse oder halbwüchsige Ratten, Männchen hingegen Mäuse in der Größe von Springern. Füttern Sie mit Augenmaß. Ein bis maximal zwei Futtertiere pro Fütterung sind bei 10-tägigen Fütterungsintervallen völlig ausreichend. Das natürliche Nahrungsspektrum umfasst Kleinsäuger, Amphibien, Eidechsen, Geckos und Skinke, ausnahmsweise auch Schlangen sowie Vögel und Insekten.

Adulter weiblicher *Cryptelytrops albolabris* aus Tam Dao, Provinz Vinh Phu, Nord-Vietnam. Auffällig sind die herrlichen gelben Bauchseiten. Foto: A. Gumprecht

**DER PRAXISTIPP**

Es ist unerlässlich, dass Sie den Tierbesatz eines Gifttierterrariums während der Vornahme von Fütterungen „im Auge" haben. Unter Sicherheitsaspekten ist also strikte Einzelhaltung ideal. Sollten Sie aber Ihren Weißlippen-Bambusottern eine Einzelhaltung nicht bieten können, so sollten Kleingruppen aus einem Paar, maximal aus zwei Paaren bestehen. Bemerken Sie während Fütterungen dominantes Verhalten einzelner Tiere, müssen Sie handeln, ansonsten werden Sie Verluste unter Ihren Tieren hinnehmen müssen. Zum Vermeiden von Beißereien während der Fütterung hat sich die Verwendung so genannter Futterkisten bewährt. Ich belasse meistens zwei Tiere im Terrarium, die dort gefüttert werden, und setze die anderen jeweils einzeln in Styroporboxen, wo sie ihre Beute erhalten. Nach der Fütterung werden die Tiere wieder zusammengesetzt. Bedenken Sie aber stets, dass Sie jede Manipulation an Ihren Tieren, und dazu gehört auch das beschriebene Umsetzen während der Fütterung, gefährdet!

**DER PRAXISTIPP**

Mindestens genauso wichtig wie die Frage nach der Herkunft der zu pflegenden Terrarientiere ist die nach der Herkunft der verwendeten Futtertiere. Man sollte sich möglichst den „Stall" anschauen, in dem die Futtertiere gezüchtet wurden. Momentan wird der Markt mit Futtertieren osteuropäischer Herkunft überschwemmt. Diese Mäuse sind oft nicht nur mangelernährt, sondern stammen oft auch aus Massenzuchten, die bisweilen bedenkliche und durchaus gefährliche Resistenzen gegen Antibiotika aufweisen.

## Nachzucht

**ÜBER** die terraristischen Standardwerke (z. B. NIETZKE 2002; TRUTNAU 1998) hinaus wird über die Vermehrung von *C. albolabris* eher beiläufig oder in Form von „short notes" berichtet. Die Vermehrung von Weißlippen-Bambusottern im Terrarium gestaltet sich jedoch, adulte Nachzucht- oder gesunde Wildfangtiere vorausgesetzt, nahezu problemlos. Für einen Zuchterfolg von *C. albolabris* aus dem nördlichen Verbreitungsgebiet ist es unabdingbar, den Tieren unter Terrarienbedingungen eine ca. 12-wöchige Winterruhe zu ermöglichen. Unterlässt man die Überwinterung, kann die Nachzucht im darauf folgenden Jahr schon einmal ausbleiben. Ich halte meine nördlichen *C. albolabris* in einem Raum zusammen mit anderen Arten aus subtropischen Breiten. Von Dezember bis Ende März wird das Licht in allen Terrarien ausgeschaltet. Innerhalb von zwei Wochen fahre ich die Zimmertemperatur langsam auf Überwinterungsniveau herunter. Bei gekipptem Fenster beträgt die Temperatur während der Überwinterung im Durchschnitt ca. 10 °C. Kurzzeitig habe ich Temperaturminima von 5 °C und -maxima von 18 °C gemessen. Ich überwintere die Tiere nicht in besonderen Kisten, sondern belasse sie abgedunkelt in ihren Terrarien. Während der Überwinterung sprühe ich einmal wöchentlich im Terrarium.

Ich habe die Erfahrung gemacht, dass die Paarungszeit der Weißlippen-Bambusottern im Terrarium, unabhängig von der Herkunft, in den Monaten September bis November liegt. Jungtiere werden zumeist in den Monaten April bis Juni abgesetzt. Ausnahmsweise finden auch Geburten im August statt. Große Weibchen der Weißlippen-Bambusotter bringen bis zu 20 Jungtiere auf die Welt. Als Rekord wurden bei mir einmal 28 Jungtiere abgesetzt.

*Cryptelytrops albolabris* sucht kurz vor der Geburt der Jungtiere den Terrarienboden auf. Die Jungen werden gewöhnlich über Nacht in einer durchsichtigen Eihüllle abgesetzt. Individuell verschieden verlassen manche Jungtiere diese sofort, während andere nach der Geburt teils noch mehrere Stunden darin verweilen. Die Gesamtlänge der Schlüpflinge kann je nach Wurf sehr unterschiedlich sein. Trächtig gekaufte Wildfänge oder Weibchen, die zu jung verpaart wurden, produzieren mitunter „Stresswürfe". Jungtiere aus solchen Würfen sind klein und zu leicht. Ihre Körperlänge beträgt etwas mehr als 10 cm, und bei der Körperdicke einer Kugelschreibermine weisen sie kaum mehr als 1 g Körpergewicht auf. Ein Jungtier aus einem kräftigen Wurf hat meist eine durchschnittliche Gesamtlänge von 17,5 cm und bis zu 2,5 g Körpergewicht. Einem Entweichen solch kleiner Jungtiere muss natürlich vorgebeugt werden, indem das Terrarium absolut ausbruchssicher gestaltet ist. Hauptschwachpunkt ist der Überlappungsbereich der Frontschiebeglasscheiben, die mittels eines eingeklebten schmalen Schaumstoffstreifens passgenau abzudichten sind, da sich Jungschlangen extrem abplatten

**Zweckmäßig eingerichtete Aufzuchtbox: natürlicher Bodengrund, Moos, Kletterast und Wasserschale** Foto: A. Gumprecht

Jungtier aus West-Java, Indonesien
Foto: A. Gumprecht

können und so in der Lage sind, durch wenige Millimeter breite Spalten nach draußen zu gelangen.

Das Geschlechterverhältnis zeigte sich in der Vergangenheit bei den Würfen meiner Tiere als annähernd ausgeglichen. Die Jungschlangen häuten sich das erste Mal innerhalb der ersten Lebenswoche. Futter sollte vor der ersten Häutung nicht angeboten werden, im Gegenteil, ich empfehle mit der ersten Fütterung bis nach der zweiten Häutung zu warten. Junge Weißlippen-Bambusottern reagieren auf Störungen durchaus sensibel und versuchen, direkt zu beißen. Aus diesem Grund sollten sie unbedingt in strikter Einzelhaltung aufgezogen werden, will man Verluste durch Beißereien vermeiden. Für die Einzelaufzucht nutzt man einfach handelsübliche Plastikboxen (z. B. der Marke „Curver" oder „Gies") von 60 x 40 x 40 cm (Länge x Breite x Höhe). Solche Behältnisse kann man in Baumärkten oder in Haushaltswarenabteilungen großer Supermärkte kaufen. Sie haben an den Schmalseiten jeweils einen Handeingriff. Diese lassen sich praktisch für die Belüftung der Boxen umfunktionieren. Dazu klebt man einfach zugeschnittenen handelsüblichen Fliegendraht von Innen mit einer Heißklebepistole vor die Eingriffe. Dass dabei, wenn in den Boxen kleine Giftschlangen unter-

Bambusottern „gehen" gut am Haken. Auch Jungschlangen klammern sich am Haken fest und neigen in der Regel nicht dazu, sich fallen zu lassen.
Foto: A. Gumprecht

gebracht werden sollen, besonders sorgfältig gearbeitet werden muss, versteht sich von selbst. In der Regel erübrigt sich eine zusätzliche Belüftung. Man kann diese aber einfach erreichen, indem man 1–2 cm über dem Boden der Box einige Löcher mit einem Akkuschrauber bohrt (± Bohrungen 4–5 mm). Dafür eignen sich entweder Spezialbohrer für Kunststoffe oder solche für Metall oder Holz. Eventuelle Grate sollten nach dem Bohren mit einem scharfen Messer entfernt werden, damit sich die Terrarientiere nicht verletzen. Die Boxen werden jeweils mit einer Trinkschale und einigen Ballen Moos ausgestattet. Als Klettermöglichkeiten bietet man entweder Ästchen oder Blumenleitern an. Als Bodensubstrat haben sich Haushaltstücher oder Pinienrinde in feiner bis mittlerer Körnung bewährt. Während der Aufzucht verzichte ich auf jegliche zusätzliche Beheizung. Die Aufzuchtbehältnisse werden bei mir zimmerwarm gestellt, d. h. bei ca. 24–26 °C am Tag und 18–20 °C nachts. Allerdings erreiche ich derartige Temperaturen, da bei mir Wohn- und Tierbereich voneinander getrennt sind und ich das Temperaturmanagement der einzelnen Terrarien über die Terrarienzimmertemperatur steuere.

Bisweilen wird von anderen Autoren negativ über die Aufzucht junger Weißlippen-Bambusottern berichtet. Futterverweigerung und längerfristiges

Zwangsfüttern der Jungtiere seien mit der Haltung juveniler *C. albolabris* verbunden, heißt es. Einen gesunden Wurf vorausgesetzt, kann ich solche Aussagen nicht bestätigen. Wichtig ist, die Jungschlangen nicht mit Futter zu überfordern. Warten Sie also mit der ersten Fütterung bis nach der zweiten Häutung, wie oben schon empfohlen. Die erste Häutung findet übrigens wenige Tage nach der Geburt statt, und bis zur zweiten Häutung vergehen sechs bis acht Wochen. Bieten Sie keine Futterstücke an, die die Jungtiere überfordern, denn weniger ist oft mehr. In der Natur werden junge Weißlippen-Bambusottern wohl kaum in den Genuss kommen, von ihrem „Grashalm" oder „Ästchen" aus ein Mäusebaby zu verzehren. Im Gegenteil, unter natürlichen Voraussetzungen sind Weißlippen-Bambusottern erst ab einer gewissen Größe dazu befähigt, Kleinsäuger zu erbeuten. Das natürliche Futterspektrum juveniler *C. albolabris* sind kleine Echsen, Skinke, Frösche und mitunter sogar Insekten. Für die ersten Fütterungen empfiehlt es sich, Teile nackter Mäuse anzubieten. Wie auch bei den Fütterungen von Adulti sollten Sie durch Handschuhe geschützt sein. Insbesondere die Fütterungen der kleinen, agilen Jungschlangen bergen ein nicht zu

unterschätzendes Risiko. Mäuseteilchen bieten Sie den Schlangen mit kleinen Futterpinzetten an. Leider verhalten sich viele *C. albolabris* lethargisch und machen zunächst keine Anstalten, selbst zu fressen. Deshalb müssen wir sie ein wenig reizen, um ihren Beißreflex auszulösen. Meist reicht es, die Jungschlangen mit dem Mäuseteilchen zwei- bis dreimal anzustupsen. Besonders verärgert reagieren viele Jungschlangen, wenn man mehrfach hintereinander kurz ihre Schwanzspitzen berührt. Die nunmehr aggressiven Jungschlangen verbeißen sich in die Mäuseteilchen, und aufgrund ihres geringen Gewichtes verhaken sich die Futterstücke in der Bezahnung der Jungschlangen. Nachdem die Jungschlangen zwei- bis dreimal erfolglos versucht haben, ein Mäuseköpfchen fallen zu lassen, beginnen sie mit dem Schlingakt. Ein Jungtier, das ein paar Mal selbstständig Mäuseköpfchen gefressen hat, gedeiht besser als ein zwangsgefüttertes Exemplar.

Gehen junge Weißlippen-Bambusottern erst einmal regelmäßig ans Futter, wachsen sie zügig heran. Innerhalb des ersten Lebensjahres können sie ihre Körperlänge verdreifachen, und sie erreichen nicht selten schon nach zweieinhalb Jahren die Geschlechtsreife.

## Zwangsfütterung

**IN** vielen Fällen lässt sich eine Zwangsfütterung von Jungschlangen nicht vermeiden. Gestaltet sich eine Zwangsfütterung ungiftiger Schlangen mitunter schon schwierig, so kommt bei Giftschlangen noch das hohe persönliche Risiko hinzu, dem sich ein Tierhalter bei diesem Prozedere aussetzt. Schließlich müssen Sie ja für eine Zwangsfütterung die jeweilige Giftschlange zwangsläufig auch in die Hand nehmen. Denken Sie immer daran, dass die meisten Giftschlangenpfleger während der Vornahme von Zwangsfütterungen gebissen werden.

Grundsätzlich ist jede Zwangsfütterung für eine Jungschlange eine traumatische Erfahrung, denn sie wird plötzlich gefangen und fixiert, und überdies wird ihr das Maul gewaltsam geöffnet. Die Jungschlangen reagieren auf diese Behandlung mit schlichter Panik und versuchen, sich aus dem Griff zu lösen, indem sie den ganzen Körper schnell korkenzieherartig verdrehen. Dabei besteht immer die Gefahr, dass sich die zierlichen Tiere selbst verletzen oder Ihnen entkommen und Sie letztlich beißen.

Was ist zu tun? Nun, viele Tierhalter stopfen ihre Schlangen dennoch ungeschützt, da sie der Meinung sind, mit Handschuhen hätten sie nicht das nötige Gefühl, um die Schlangen zu ergreifen und ordentlich zu fixieren. Das ist sicherlich auch richtig, aber ungeschütztes Stopfen möchte ich Ihnen hier nicht empfehlen. Tatsächlich kann man auch lernen, geschützt zu stopfen, in dem man sich zu seinem Schutz eines weichen, aber dicken Schwammes bedient oder zwei weiche Moosgummilagen oder Schaumstoffmatten verwendet. Im ersten Fall wird die Jungschlange mittig so mit dem Schwamm ergriffen, dass nur noch der Kopf daraus hervorschaut. Im zweiten Fall wird die Jungschlange auf eine Lage Moosgummi gelegt und mit einer weiteren Lage von oben bedeckt und fixiert, sodass ebenfalls nur der Kopf hervorschaut. In beiden Fällen ist es der Schlange nicht mehr möglich, sich zu bewegen oder Sie zu beißen. Lassen Sie sich von einem erfahrenen Tierhalter, der diese Stopf- und Schutztechniken beherrscht, anleiten. Es gilt, dass Sie sich schützen, und nicht, Ihr Tier zu malträtieren. Eben deshalb verzichte ich auf detaillierte Ausführungen zu diesen Techniken in diesem Buch. Manche Dinge muss man einfach gesehen und unter fachkundiger Anleitung erlernt haben.

**Jungtier aus West-Java, Indonesien**
Foto: A. Gumprecht

## Danksagung

**AN** dieser Stelle möchte ich mich ganz herzlich beim Natur und Tier - Verlag, Münster, für die Unterstützung bei der Vorbereitung und Realisierung dieses Buches aus der Reihe „Art für Art" bedanken. Insbesondere seien hier deshalb wiederum die Herren Matthias Schmidt, Münster, Heiko Werning, Berlin, und Kriton Kunz, Speyer, dankend erwähnt. Bei Heiko Werning, Kriton Kunz und meiner Frau Inken Gumprecht, Troisdorf-Spich, möchte ich mich außerdem für das Korrekturlesen des Manuskriptes sowie bei Angela Neuhäuser, Münster, für das Layout bedanken.

## Weitere Informationen

**ZUR** Vertiefung der in diesem Buch gegebenen Informationen und zum gründlichen Einblick in terraristische und herpetologische Themenbereiche empfehlen sich die Mitgliedschaft in einem Verein gleich gesinnter Terrarianer sowie ein intensives Literaturstudium. Die folgenden Auflistungen sollen dabei behilflich sein, einen Einstieg in die Thematik zu finden, können aber natürlich nur einen kleinen Ausschnitt aufzeigen.

### Untersuchungsstellen

Kotproben, Sektionen und andere Untersuchungen können von spezialisierten Tierärzten oder von veterinärmedizinischen Untersuchungsstellen, die es in vielen Städten gibt, vorgenommen werden. Eine Liste mit reptilienkundigen Tierärzten kann über die DGHT bezogen werden (oder im Internet unter www.dght.de). Überregional bekannt für Untersuchungen sind folgende Einrichtungen:

▪ Exomed
Am Tierpark 64
10319 Berlin

▪ Universität München
Institut für Zoologie,
Fischereibiologie und
Fischkrankheiten der
tierärztlichen Fakultät
Kaulbachstr. 37
80539 München

▪ Justus-von-Liebig-Universität
Gießen
Institut für Geflügelkrankheiten
Frankfurter Str. 87
35392 Gießen

▪ GEVO Diagnostik
Jakobstr. 65
70794 Filderstadt

## Vereine und Interessengruppen

Die Deutsche Gesellschaft für Herpetologie und Terrarienkunde (DGHT; www.dght.de; DGHT e.V., Postfach 1421, 53351 Rheinbach, Tel.: 02225-703333, E-Mail: gs@ dght.de) ist mit über 8.000 Mitgliedern die weltweit größte Gesellschaft ihrer Art und bringt Wissenschaftler und Hobbyherpetologen zusammen. Mitglieder erhalten vierteljährlich mindestens drei verschiedene herpetologisch/terraristische Zeitschriften.

Innerhalb der DGHT existiert die AG Schlangen, die sich auch mit Giftschlangen beschäftigt. Sie veranstaltet jährliche Fachtagungen. Kontakt über die DGHT-Geschäftsstelle.

## Serum Depot Berlin e.V.

Kontakt: Dieter Preißler
Siegburger Weg 10, 53773 Hennef
Tel.: 0049-(0)2242-9697113, Fax: 0049-(0)2242-9697588
Mobil: 0049-(0)171-7519306, E-Mail: DPreissler@t-online.de

Dipl.-Biogeogr. Markus Monzel
Universität Trier, FB VI Biogeographie, Wissenschaftspark Petrisberg
54296 Trier
Tel.: 0049-(0)651-2014692, Fax: 0049-(0)651-2013851
Mobil: 0049-(0)176-76787931, E-Mail: bothrops@web.de

## II. Med. Klinik & Poliklinik der TU München

Klinikum rechts der Isar, Toxikol. Abt.
Ismaninger Str.22, 81675 München
Tel.: 0049-(0)89-19240
Fax: 0049-(0)89-41402241 oder 0049-(0)89-41402467
E-Mail: antivenoms@lrz.tum.de, Internet: www.toxinfo.org

## Zeitschriften

- REPTILIA
Terraristik-Fachmagazin
erscheint sechs Mal jährlich
Natur und Tier - Verlag GmbH
An der Kleimannbrücke 39/41
48157 Münster
Tel.: 0251-133390
www.ms-verlag.de
E-Mail: verlag@ms-verlag.de

- DRACO
Terraristik-Themenheft
erscheint vier Mal jährlich
Natur und Tier - Verlag GmbH, s. o.

- Sauria
Terraristik und Herpetologie
erscheint vier Mal jährlich

Terrariengemeinschaft Berlin e. V.
Bruno Treu
Christstr. 10
14059 Berlin
www.sauria.de
E-Mail: abo@sauria.de

- herpetofauna
Zeitschrift für Amphibien-
und Reptilienkunde
erscheint sechs Mal jährlich
herpetofauna Verlags-GmbH
Hans-Peter Fuchs
Römerstrasse 21
71384 Weinstadt
Tel. 07151-600677
www.herpetofauna.de
E-Mail: info@herpetofauna.de

# Weiterführende Literatur

## A. Buchempfehlungen

GUMPRECHT, A., F. TILLACK, N. L. ORLOV, A. CAPTAIN & S. RYABOV (2004): Asian Pitvipers. – GeitjeBooks Berlin, Berlin, 368 S.

HENKEL, F.-W. & W. SCHMIDT (2003): Terrarien – Bau und Einrichtung. – Ulmer, Stuttgart, 168 S.

JINTAKUNE, P. & L. CHANHOME (1995): Ngoo phit nai Prathet Thai (The venomous snakes of Thailand). – The Thai Red Cross Society, Science Division, Bangkok, 175 S. [in Thai]

KÖHLER, G. (1996): Krankheiten der Amphibien und Reptilien. – Ulmer, Stuttgart, 168 S.

MÜLLER, M. J. (1996): Handbuch ausgewählter Klimastationen der Erde. – Gerold Richter, Universität Trier, Trier, 5. ergänzte und verbesserte Aufl., 400 S.

NIETZKE, G. (2002): Die Terrarientiere Band 3: Krokodile und Schlangen. – Ulmer, Stuttgart, 374 S.

RAUH, J. (2000): Grundlagen der Reptilienhaltung. – Natur und Tier - Verlag, Münster, 216 S.

TRUTNAU, L. (1998): Schlangen im Terrarium. Band 2: Giftschlangen. – Ulmer (DATZ Terrarienbücher), Stuttgart, 367 S.

ULBER, T., W. GROSSMAN, J. BEUTELSCHIESS & C. BEUTELSCHIESS (1989): Terraristisch/Herpetologisches Fachwörterbuch. – Terrariengemeinschaft Berlin e.V., Berlin, 176 S.

WILMS, T. (2004): Terrarieneinrichtung. – Natur und Tier - Verlag, Münster, 128 S.

WHITAKER, R. & A. CAPTAIN (2004): Snakes of India. The field guide. – Draco Books, Shengalpatta, XIV + 481 S.

ZHAO, E.-M., M. HUANG, Y. ZONG, Y. JIANG, Q. HUANG, H. ZHAO, J. MA, J. ZHENG, Z. HUANG, G. WIE, D. YANG & D. J. LI (eds.) (1998): Fauna Sinica. Reptilia Vol. 3. Squamata, Serpentes. – Science Press, Beijing, i-xvii + 522 pp., pl. 1-8 + 1-4 [in Chinesisch].

## B. Weiterführende Artikel

GRAY, J. E. (1842): Synopsis of the species of Rattle-snakes, or family of Crotalidae. – Zool. Miscellany, London, 2: 47–51.

GUMPRECHT, A. (1997): Die Bambusottern der Gattung *Trimeresurus* LACÉPÈDE. Teil I: Die Chinesische Bambusotter *Trimeresurus stejnegeri* SCHMIDT, 1925. – Sauria 19(3): 9–30.

– (1998): Die Bambusottern der Gattung *Trimeresurus* LACÉPÈDE. Teil II: Die Großaugen-Bambusotter *Trimeresurus macrops* KRAMER, 1977. – Sauria 20(3): 25–36.

– (1999): *Trimeresurus trigonocephalus* (LATREILLE). – Sauria (Suppl.), 21(3): 461–466.

– & S. RYABOV (2002): Die Gattung *Trimeresurus* LACÉPÈDE, 1804. – Zum Kenntnisstand der Forschung – DRACO 3(4): 31–44.

HOGE, R.A. & S.A.R.W.L. ROMANO-HOGE ("1978/79", 1981): Poisonous snakes of the world. Part I. Checklist of the pit vipers, Viperoidea, Viperidae, Crotalinae. – Mem. Inst.

Butantan, Sâo Paulo, 42/43: 179–310 [246-247].

– ("1980/1981", 1983): Notes on micro and ultrastructure of „Oberhäutchen" in Viperoidea. – Mem. Inst. Butantan, Sâo Paulo, 44/45: 81–118 [87].

LACEPÈDE, B.G.É.L. de (1804): Mémoire sur plusieurs animaux de la Nouvelle Hollande dont la description n´a pas encore été publiée. – Ann. Mus. natn. Hist. nat. Paris, 4: 184–211.

MALHOTRA, A. & R.S. THORPE (1996): New perspectives on the evolution of South-east Asian pit vipers (genus *Trimeresurus*) from molecular studies. – S. 115–128 in: THORPE, R.S., W. WÜSTER & A. MALHOTRA (Hrsg.): Venomous snakes. Ecology, evolution and snakebite. – Zool. Soc. London and Oxford, Clarendon Press, Symp. zool. soc. London, 70.

– (2000): A phylogeny of the *Trimeresurus* group of pit vipers: New evidence from a mitochondrial gene tree. – Mol. Phyl. Evol. 16(2): 199–211.

– (2004): A phylogeny of four mitochondrial gene regions suggests a revised taxonomy for Asian pitvipers (*Trimeresurus* and *Ovophis*). – Mol. Phyl. Evol. 32(1): 83–100.

**Männliche Weißlippen-Bambusotter aus 650 m ü. NN, Provinz Loei, Nordost-Thailand**
Foto: A. Gumprecht

# REPTILIA®

## TERRARISTIK - FACHMAGAZIN

Skorpionskrustenechse

Gefleckter Zwergpython

Chinesische Bergagame

## Futtertierzuchten

**Einzelheft: 5,80 € · Abo Inland: 32,40 € · Abo Ausland: 42,30 €**
**Zweimonatlich**

Natur und Tier - Verlag GmbH
An der Kleimannbrücke 39/41, 48157 Münster
Telefon: 0251-13339-0, Fax: 13339-33
E-Mail: verlag@ms-verlag.de, Home: www.ms-verlag.de